W0299307

Mes recettes MINCEUR ET GOURMANDES

+ DE 100 RECETTES DU QUOTIDIEN

Recettes rédigées par Fanny Comandini,
DIÉTÉTICIENNE NUTRITIONNISTE

M6 ÉDITIONS

RETROUVEZ

D'AUTRES DÉLICIEUSES RECETTES DANS

Croq'kilos,
mes recettes minceur
et gourmandes

paru en avril 2019

Croq'kilos,
les classiques revisités

paru en juin 2020

Croq'kilos,
pâtisserie

paru en juin 2021

Rendez vous sur
www.croq-kilos.com

ÉDITO

Le maître-mot de *Croq'Kilos* est **rééquilibrage alimentaire** et non régime, car, comme tout le monde le sait, les régimes sont restrictifs et difficiles à suivre, aussi bien pour le moral que pour le corps.

Un rééquilibrage alimentaire sous-entend **bien manger**, et l'objectif de ce livre de recettes est de vous guider vers une autonomie et une **perte de poids stable et durable**. Ce quatrième opus va accompagner **chaque moment de votre journée** : petit-déjeuner, déjeuner, collation et dîner.

Réapprenez à écouter votre faim et à ne pas vous priver. Le tout est de savoir vous nourrir dans des quantités qui correspondent à vos besoins et surtout de vous RÉGALER. Grâce à ce livre, vous réussirez à allier plaisir et équilibre au quotidien et votre motivation sera sans faille.

Soyez patiente, ne lâchez rien !

Croq'Kilos est un programme de nutrition en ligne. Vous y trouvez des menus, des centaines de recettes avec leurs calories, la liste de courses pour toute la semaine en fonction des menus choisis et, surtout, une vaste et dynamique communauté de Croqueuses pour vous soutenir et vous aider dans votre perte de poids. Dans cet ouvrage, les abonnées pourront découvrir 20 recettes qui ne font pas partie du programme.*

**www.croq-kilos.com*

N'OUBLIEZ PAS !
POUR RÉUSSIR VOTRE RÉÉQUILIBRAGE ALIMENTAIRE, VOUS DEVEZ :

- boire suffisamment (1,5 litre d'eau par jour) ;
- faire une activité physique de 30 minutes environ, comme la marche rapide, du jardinage, de la natation, de la course à pied… ;
- éviter de manger entre les repas ;
- éviter de sauter un repas ;
- faire les courses le ventre plein pour éviter les tentations ;
- vous peser qu'une fois par semaine.

SOMMAIRE

LES PETITS-DÉJEUNERS

LES DÉJEUNERS

LES COLLATIONS

LES DÎNERS

BONUS !

LES SAUCES et ACCOMPAGNEMENTS

LES PETITS-DÉJEUNERS

CROISSANTS ALLÉGÉS
PAIN JAUNE SOLEIL
PAINS AU CHOCOLAT LÉGERS
BAGUETTE TRADITION
PAIN PERDU COCO PISTACHE
MUFFINS ANGLAIS
CHOCOSUISSE ALLÉGÉ
BRIOCHE FILANTE NATURE
MUFFINS CHOCOLAT COCO
BANANA BREAD TOUT CHOCO
PANCAKES SUPER HEALTHY
PANCAKES MINCEUR À LA BANANE
AÇAÏ BOWL
BOWL CAKE GOURMAND
BOWL AVOCAT, CHIA ET FLOCONS D'AVOINE
TOAST AVOCAT ET ŒUF POCHÉ
ŒUF BROUILLÉ ET BACON
PETIT-DÉJ BRITANNIQUE REVISITÉ
PORRIDGE AU BACON ET ŒUF
BOWL CAKE SALÉ

TRADITION

CROISSANTS ALLÉGÉS

142 KCAL /CROISSANT

35 MIN

10 MIN

1-2 H

Ingrédients pour
4 personnes

10 g de sucre blanc
5 g de levure de boulanger
50 ml d'eau
20 ml d'huile de colza
100 g de farine blanche
10 ml de lait d'amande
Cannelle
Sel

LES BIENFAITS DE L'HUILE DE COLZA

L'huile de colza est une bonne source d'oméga-3 et 6, d'antioxydants et de vitamines E, indispensables au bon fonctionnement de l'organisme. C'est un véritable allié pour la bonne santé de votre cœur. Elle est idéale pour la pâtisserie car elle supporte bien la cuisson au four. Il est conseillé d'en consommer 2 cuillères à soupe par jour.

1. Mélangez le sucre avec la levure de boulanger et l'eau à température ambiante, puis laissez reposer pendant 15 minutes.
2. Ajoutez l'huile, mélangez puis ajoutez la farine, la cannelle et une pincée de sel.
3. Pétrissez la pâte pendant environ 5 minutes, puis faites une boule et laissez reposer à couvert pendant 1 à 2 heures.
4. Faites préchauffer le four à 200°C.
5. Dégazez la pâte en appliquant une pression avec le poing, puis étalez-la en rectangle avant de la couper en diagonale pour faire deux triangles.
6. Recoupez les 2 triangles en partant de la pointe afin d'obtenir 4 triangles.
7. Faites rouler la pâte en partant du bord le plus large jusqu'à la pointe.
8. Dans un bol, mélangez le lait d'amande avec une pincée de cannelle.
9. Badigeonnez les croissants avec le mélange de lait d'amande et de cannelle pour les faire dorer à la cuisson.
10. Enfournez les croissants pendant une dizaine de minutes environ. Laissez refroidir et dégustez.

CONSEILS ET ASTUCES DE FANNY, DIÉTÉTICIENNE

Une recette légère et savoureuse pour profiter pleinement de son brunch du dimanche ! Dans cette recette, pas de beurre, ce qui vous permet d'avoir un croissant plus sain et moins calorique. Le lait d'amande peut être remplacé par la même quantité de lait demi-écrémé.

CLASSIQUE

PAIN JAUNE SOLEIL

215 KCAL /PORTION

10 MIN | 30 MIN | 1H35

Ingrédients pour **1 pain (6 portions)**

50 g de fromage blanc
10 g de curcuma
1 c. à c. de poudre de curry jaune
100 ml d'eau
5 g de sel
250 g de farine
10 g de levure de boulanger
45 g de graines de tournesol
5 g de graines de pavot

1. Dans un bol, mélangez la farine, le sel, la levure, le curcuma, le curry, les graines de tournesol et de pavot.
2. Ajoutez le fromage blanc et l'eau. Pétrissez à la main ou à l'aide du robot pâtissier. Placez le pâton obtenu dans un grand bol, couvrez-le d'une pellicule plastique et laissez lever pendant 1 heure à température ambiante.
3. Boulez le pain et déposez-le sur une plaque de cuisson. Recouvrez la boule d'un torchon propre et laissez pousser à nouveau environ 35 minutes.
4. Faites préchauffer le four à 230°C.
5. Déposez un bol d'eau dans le bas du four, puis enfournez le pain. Faites cuire environ 10 minutes puis baissez la température à 200°C. Poursuivez la cuisson pendant 20 minutes, en surveillant jusqu'à ce que le pain soit doré et cuit.

LES BIENFAITS DU CURCUMA

Cette épice est un anti-inflammatoire reconnu. Elle a plusieurs effets bénéfiques sur le système digestif. Attention néanmoins à en consommer raisonnablement : environ 1 à 2 petites cuillères à café par jour au maximum. Comme le curcuma ne change pas fortement le goût de vos préparations, n'hésitez pas à l'utiliser pour colorer vos plats et leur donner de la gaieté !

CONSEILS ET ASTUCES DE FANNY, DIÉTÉTICIENNE

Faire son pain maison : un jeu d'enfant ! Vous verrez, c'est assez ludique et satisfaisant de voir le pain vivre sous nos yeux…

CONSEILS ET ASTUCES DE FANNY, DIÉTÉTICIENNE

Pour utiliser correctement la levure de boulanger sèche et ainsi obtenir un meilleur résultat, pensez à bien faire tiédir le liquide dans lequel vous la réhydratez : attention, pas trop chaud ni trop froid. De même, laissez le mélange recouvert dans un endroit sans courant d'air, où il ne fera pas trop chaud ni trop froid, pendant 15 minutes.

GOURMAND

PAINS AU CHOCOLAT LÉGERS

247 KCAL /PAIN AU CHOCOLAT

30 MIN

20 MIN

3 H

Ingrédients pour
10 pains au chocolat

250 g de farine
120 g de beurre
60 ml de lait demi-écrémé
60 ml d'eau
20 g de sucre
8 g de levure de boulanger sèche
100 g de chocolat noir en barre (soit 20 barres)
5 g de sel

1. Faites réhydrater la levure sèche pendant 10 à 15 minutes dans 15 ml d'eau tiède.
2. Dans un saladier ou dans le bol d'un robot, placez la farine, le sel et le sucre. Faites un puits puis versez-y la levure réhydratée, le lait et toute l'eau.
3. Pétrissez une dizaine de minutes pour obtenir une pâte bien souple et homogène.
4. Couvrez la boule de pâte d'un torchon, puis faites-la doubler de volume en la laissant reposer pendant 1 h 30 dans un four éteint.
5. Pendant ce temps, faites ramollir le beurre à température ambiante puis façonnez-le en un carré assez régulier.
6. Lorsque la pâte a doublé de volume, travaillez-la rapidement sur un plan de travail fariné puis étalez-la en un rectangle épais.
7. Enfermez le carré de beurre dans la pâte, puis étalez-la au rouleau à pâtisserie pour obtenir un rectangle long. Repliez les deux petits côtés du rectangle vers le centre, tournez la pâte d'un quart de tour puis étalez-la à nouveau. Répétez l'opération jusqu'à faire un tour complet. Laissez reposer 30 minutes au réfrigérateur.
8. Sortez la pâte du réfrigérateur puis étalez-la au rouleau sur un plan de travail fariné. Divisez le grand rectangle en 10 rectangles plus petits et de taille égale.
9. Placez deux barres de chocolat sur chaque rectangle, puis roulez la pâte pour obtenir 10 petits pains au chocolat. Laissez-les poser 1 heure sur une plaque allant au four et recouverte de papier sulfurisé.
10. Faites préchauffer le four à 200°C.
11. Si vous le souhaitez, dorez les pains au chocolat avec du jaune d'œuf. Enfournez pour 15 à 20 minutes à chaleur tournante.

CLASSIQUE

BAGUETTE TRADITION

151 KCAL /PORTION

30 MIN

20 MIN

3 H

Ingrédients pour
2 baguettes
(12 portions)

500 g de farine blanche
350 ml d'eau
8 g de levure de boulanger sèche
10 g de sel

1. Faites réhydrater la levure dans 50 ml d'eau tiède pendant 10 minutes.
2. Dans un saladier ou dans le bol d'un robot, placez la farine. Ajoutez le reste d'eau (300 ml), le sel et la levure réhydratée.
3. Pétrissez à la main ou au robot pendant 5 à 7 minutes. La pâte est liquide et collante, ce qui est normal à ce stade.
4. Laissez lever la pâte une première fois pendant 30 minutes à température ambiante. Puis déposez-la sur un plan de travail généreusement fariné. Travaillez-la une nouvelle fois avant de former une boule homogène.
5. Replacez la pâte dans un saladier, couvrez-la d'un torchon et laissez lever pendant 1 h 30 à 2 heures dans un four éteint. La pâte doit au minimum doubler de volume.
6. Sur un plan de travail fariné, travaillez une nouvelle fois la pâte à pain, rapidement. Divisez-la en 2 pâtons de taille égale.
7. Formez des baguettes en étirant les pâtons, puis placez-les sur une plaque allant au four et recouverte de papier sulfurisé, ou dans des moules à baguettes. Laissez reposer les baguettes 30 minutes supplémentaires sous un torchon.
8. Faites préchauffer le four à 240°C. À l'aide d'un couteau pointu, réalisez des incisions sur les baguettes puis enfournez pour environ 20 minutes, en adaptant la durée suivant la cuisson désirée.

CONSEILS ET ASTUCES DE FANNY, DIÉTÉTICIENNE

Cette recette permet de réaliser 2 grosses baguettes, soit 12 portions au total. Une partie de la pâte à pain peut être congelée avant façonnage pour une utilisation ultérieure. Une fois cuit, le pain peut également être congelé. Ensuite, il suffira de le passer quelques minutes dans un four chaud avant de le déguster. Je vous conseille de consommer une portion de 30 à 50 g de pain le matin.

CLASSIQUE REVISITÉ

PAIN PERDU COCO PISTACHE

382 KCAL

20 MIN

20 MIN

Ingrédients pour **1 personne**

40 g de brioche
1 jaune d'œuf
10 g de sucre roux
30 g de crème légère
15 ml de lait de coco
20 g de framboises
10 g de pistaches

1. Faites préchauffer le four à 180°C.
2. Dans un saladier, mélangez le jaune d'œuf avec le sucre. Ajoutez ensuite la crème et le lait de coco. Mélangez bien et réservez.
3. Dans un plat allant au four, mettez de l'eau.
4. Coupez la brioche en tranches et imbibez-les de la préparation à la coco.
5. Dans un petit plat type cocotte, déposez une tranche de brioche imbibée. Parsemez de framboises et de pistaches, puis ajoutez une autre tranche de brioche, et ainsi de suite jusqu'à épuisement des ingrédients. Répartissez ensuite la crème de coco restante sur le dessus.
6. Mettez la cocotte dans le plat rempli d'eau et enfournez pour 15 à 20 minutes.

LES BIENFAITS DES PISTACHES

La pistache contient une quantité non négligeable de protéines et offre un apport intéressant en acides gras insaturés. Elle apporte du magnésium, idéal pour lutter contre le stress. Également anti-oxydant, la pistache est un bon aliment, à condition de la manger nature, non salée. Elle reste calorique et il est conseillé de limiter sa consommation à une poignée par jour maximum.

CONSEILS ET ASTUCES DE FANNY, DIÉTÉTICIENNE

Pour le petit-déjeuner, pensez à accompagner cette recette d'un fruit frais et d'une boisson chaude non sucrée.
Vous pouvez également servir le pain perdu avec une cuillère à café de noix de coco râpée et une petite boule de glace pour un goûter plaisir (soit un ajout d'une centaine de calories).

RECETTE DU MONDE

MUFFINS ANGLAIS

172 KCAL /MUFFIN

20 MIN | 10 MIN | 2 H

Ingrédients pour
8 muffins

250 g de farine
150 ml de lait demi-écrémé
40 g de beurre
15 g de semoule fine
10 g de sucre
6 g de levure de boulanger sèche
1 g de sel

1. Faites tiédir le lait en le mettant quelques secondes au micro-ondes. Mélangez-le avec la levure déshydratée et le sucre. Couvrez et laissez pousser une dizaine de minutes.
2. Pendant ce temps, dans un saladier, mélangez la farine, le beurre mou coupé en dés et le sel. Ajoutez la levure réhydratée dans le lait sucré. Pétrissez 5 minutes à la main ou au robot, en ajoutant une poignée de farine si nécessaire afin que la pâte ne colle plus.
3. Une fois que la pâte est lisse et forme une boule, recouvrez le saladier d'un linge propre et laissez pousser dans le four éteint pendant 1 heure. La pâte doit au minimum doubler de volume.
4. Farinez généreusement le plan de travail. Étalez la pâte sur une épaisseur d'environ 1 cm en vous aidant d'un rouleau à pâtisserie. À l'aide d'un emporte-pièce ou d'un verre retourné, formez des disques de pâte d'environ 8 cm de diamètre.
5. Saupoudrez les disques de pâte d'un peu de semoule fine sur chaque face. Placez les muffins sur une plaque allant au four et recouverte de papier sulfurisé. Puis laissez pousser dans le four éteint 1 heure supplémentaire. Les muffins doivent à nouveau doubler de volume.
6. Faites chauffer une poêle antiadhésive, sans matière grasse. Déposez-y les muffins et faites-les cuire 4 à 5 minutes de chaque côté à feu moyen, jusqu'à ce qu'ils soient joliment dorés. Laissez-les tiédir avant de les garnir selon vos envies.

CONSEILS ET ASTUCES DE FANNY, DIÉTÉTICIENNE

Vous pouvez accommoder ces muffins avec du salé ou du sucré. Idéaux pour le petit-déjeuner, ils peuvent aussi être consommés en plat principal le midi ou le soir, garnis par exemple de 60 g de saumon fumé et de 30 g de fromage frais (pour un total de 350 calories) et accompagnés d'une salade (verte, de carottes, de betteraves, etc.). Autre idée recette : 60 g d'avocat, 1 œuf au plat et 30 g de bacon grillé, pour un total de 400 calories. Ces muffins se congèlent très bien !

CHOCOSUISSE ALLÉGÉ

296 KCAL /BRIOCHE

45 MIN

15 MIN

1H30

Ingrédients pour
10 petits chocosuisses

La brioche

250 g de farine blanche
3 œufs
100 g de beurre
30 g de sucre blanc
15 ml de lait demi-écrémé
4 g de sel
15 g de levure de boulanger

La crème pâtissière allégée

50 g de sucre
200 ml de lait demi-écrémé
2 jaunes d'œufs
25 g de Maïzena®
7 ml d'extrait de vanille
80 g de pépites de chocolat noir

La brioche

1. Faites réhydrater la levure pendant 10 minutes dans le lait tiède.
2. Dans un saladier, mélangez la farine avec le sucre et le sel. Creusez un puits pour y casser les œufs, mélangez. Ajoutez ensuite la levure réhydratée, puis mélangez à nouveau. Pétrissez 5 minutes à la main.
3. Ajoutez le beurre mou coupé en cubes, pétrissez une nouvelle fois pendant 10 minutes environ. La pâte doit être souple et élastique, mais pas trop collante. Couvrez et laissez pousser 1 heure, jusqu'à ce que la pâte ait doublé de volume.

La crème pâtissière allégée

4. Pendant que la pâte lève, réalisez la crème pâtissière allégée. Dans un saladier, battez les jaunes d'œufs et le sucre jusqu'à ce que le mélange blanchisse. Ajoutez la Maïzena , la vanille, puis versez le lait et mélangez. La préparation doit être bien homogène.
5. Faites chauffer le mélange à feu doux sans cesser de remuer, jusqu'à ce que la crème épaississe et devienne onctueuse. Laissez tiédir.
6. Sur un plan de travail fariné, étalez la pâte à brioche en un rectangle uniforme d'environ 3 mm d'épaisseur.
7. Étalez la crème pâtissière tiède sur toute la surface de la pâte à brioche, parsemez uniformément de pépites de chocolat. Repliez le rectangle de pâte en deux dans le sens de la longueur.
8. Aplatissez rapidement au rouleau à pâtisserie, sans appuyer trop fortement pour éviter que la crème ne ressorte. Découpez en 10 morceaux de taille égale pour obtenir 10 chocosuisses identiques.
9. Laissez reposer 30 minutes de plus sur une plaque allant au four et recouverte de papier cuisson. Espacez bien les chocosuisses afin qu'ils ne se collent pas à la cuisson.
10. Faites préchauffer le four à 180°C.
11. Enfournez pour 15 à 20 minutes : les brioches doivent être bien dorées et gonflées. Laissez tiédir ou refroidir complètement avant de déguster.

CONSEILS ET ASTUCES DE FANNY, DIÉTÉTICIENNE

Pour une pâte bien filante, le mieux est de s'y prendre la veille : la pâte passera au moins 12 heures au réfrigérateur. Le long temps de pousse au frais permet d'obtenir la mie bien filante et très tendre qui fait une vraie différence ! Pour réussir à faire agir votre levure, le lait ne doit pas être trop chaud. De même, la température ambiante ne doit pas être trop élevée ou trop froide. Placez le tout dans le four éteint. Pour encore plus de gourmandise, n'hésitez pas à parsemer la brioche de sucre perlé avant de l'enfourner. Cette brioche peut se conserver plusieurs jours, emballée dans du film alimentaire et placée dans une boîte hermétique.

RÉCONFORT

BRIOCHE FILANTE NATURE

284 KCAL /PORTION

1H30

30 MIN

1 NUIT

Ingrédients pour
10 portions

500 g de farine blanche
215 ml de lait demi-écrémé
2 œufs
1 jaune d'œuf
80 g de beurre
40 g de sucre blanc
11 g de levure de boulanger sèche
10 ml d'extrait de vanille
5 g de sel

1. Mettez la levure à réhydrater pendant 10 minutes dans une petite partie du lait tiédi.
2. Dans un saladier, placez la farine, le sel, le sucre, les œufs, la vanille, la levure réhydratée et le lait. Pétrissez une dizaine de minutes à la main ou au robot pour obtenir une pâte élastique et homogène.
3. Intégrez le beurre mou coupé en dés. Pétrissez à nouveau 5 à 10 minutes, jusqu'à obtenir une pâte bien souple et légèrement collante.
4. Couvrez la pâte d'un papier film et laissez reposer au frais pendant une nuit.
5. Sortez la pâte du réfrigérateur 30 minutes avant de la travailler.
6. Sur un plan de travail fariné, travaillez rapidement la pâte à brioche. Divisez-la en 3 boules de pâte de taille égale.
7. Formez 3 boudins de pâte de taille et de circonférence égales. Réunissez les 3 extrémités des boudins de pâte puis faites une tresse. Soudez l'autre extrémité de la brioche.
8. Placez la brioche dans un moule à cake légèrement huilé. Laissez pousser dans le four éteint entre 30 minutes et 1 heure.
9. Sortez la brioche du four et faites-le préchauffer à 170°C.
10. Dorez le dessus de la brioche avec un peu de jaune d'œuf, puis enfournez pour 30 minutes. La brioche doit être bien gonflée et dorée.

SANS GLUTEN
SANS LACTOSE

MUFFINS CHOCOLAT COCO

201 KCAL /MUFFIN

10 MIN

12 MIN

Ingrédients pour **5 muffins**

60 g de banane
(soit ½ banane environ)
75 ml de lait de soja
60 g de chocolat noir
65 g de noix de coco râpée
40 g de farine petit épeautre
4 g de levure chimique

1. Écrasez la demi-banane dans un bol.
2. Incorporez le lait de soja.
3. Faites fondre le chocolat noir, idéalement au bain-marie, ou au micro-ondes si vous êtes pressé.
4. Versez le chocolat fondu dans le premier mélange et ajoutez la noix de coco râpée.
5. Mélangez et ajoutez progressivement la farine et la levure, à l'aide d'un tamis. Mélangez jusqu'à obtenir un résultat homogène.
6. Répartissez la préparation dans 5 moules à muffins.
7. Faites préchauffer votre four à 190°C puis enfournez les muffins pendant 12 minutes, ou 10 minutes pour un cœur fondant.

LES BIENFAITS DE LA FARINE PETIT ÉPEAUTRE

La farine petit épeautre est une farine sans gluten qui contient l'ensemble des éléments nutritifs du grain de blé. Riche en fibres, elle est une bonne source de protéines et contient plusieurs minéraux et vitamines, à la différence d'une farine blanche classique. Elle est facile à digérer car elle n'a subi aucune transformation génétique. Dans vos préparations, elle va apporter un léger arôme de noisette très agréable, surtout dans les recettes sucrées.

CONSEILS ET ASTUCES DE FANNY, DIÉTÉTICIENNE

Cette recette peut être réalisée sous forme de petit gâteau, dans un moule de 12 à 15 cm de diamètre. Il est possible de remplacer le lait de soja par un autre lait végétal (ou même un lait demi-écrémé) et la farine de petit épeautre par une autre farine type farine semi-complète. Vous pouvez l'accompagner le matin d'une boisson chaude non sucrée et d'un fruit frais.

CONFORT FOOD

BANANA BREAD TOUT CHOCO

209 KCAL /PORTION

15 MIN

50 MIN

Ingrédients pour
1 gâteau (10 portions)

180 g de farine semi-complète
40 g de cacao non sucré
2 œufs
350 g de bananes (soit environ 3 bananes)
140 g de yaourt grec
50 ml de sirop d'érable
50 g de sucre brun
60 g de pépites de chocolat noir
5 ml d'extrait de vanille
5 g de bicarbonate de soude
3 g de levure chimique
Sel

1. Faites préchauffer votre four à 180°C.
2. Dans un grand saladier, mélangez la farine, le cacao en poudre, le bicarbonate de soude, la levure chimique et le sel.
3. Écrasez les bananes, bien mûres si possible, en purée.
4. Dans un second saladier, battez les œufs et incorporez progressivement les bananes, le yaourt grec, le sirop d'érable, le sucre brun et la vanille. Mélangez bien.
5. Incorporez le premier mélange à la préparation avec les bananes. Ajoutez les pépites de chocolat et mélangez.
6. Versez cette préparation dans un moule à cake et enfournez pour 50 à 55 minutes. Vérifiez la cuisson dès 45 minutes en enfonçant la lame d'un couteau dans le gâteau : si elle ressort sèche, c'est cuit !
7. Laissez reposer le gâteau dans le moule pendant 10 minutes avant de le démouler et posez-le sur une grille pour qu'il refroidisse.

CONSEILS ET ASTUCES DE FANNY, DIÉTÉTICIENNE

Cette recette est une variante gourmande du traditionnel pain à la banane. Il se conserve jusqu'à 4 jours à température ambiante, enveloppé dans du papier d'aluminium. Vous pouvez réaliser cette recette dans des moules à muffins et ainsi les congeler plus facilement. Vous pouvez remplacer la farine semi-complète par de la farine blanche. Au petit-déjeuner, prenez 2 parts avec une boisson chaude non sucrée.

LES BIENFAITS DU BICARBONATE DE SOUDE

Le bicarbonate de soude alimentaire permet de rendre les plats plus digestes. Souvent utilisé avec des légumes verts, tels les choux de Bruxelles, il peut faire partie de la liste d'ingrédients des gâteaux ou du pain, pour éviter les remontées acides et faciliter la digestion des graisses.

PANCAKES SUPER HEALTHY

SANS GLUTEN

SANS LACTOSE

248 KCAL /PORTION

5 MIN

10 MIN

30 MIN

Ingrédients pour **6 pancakes** (2 portions)

70 g de farine de riz
1 œuf
100 g de yaourt d'avoine
100 g de compote sans sucre ajouté
5 g de levure sans gluten

1. Mélangez la farine avec la levure.
2. Ajoutez l'œuf, mélangez bien.
3. Ajoutez la compote et le yaourt, et mélangez à nouveau.
4. Laissez reposer pendant 30 minutes.
5. Faites chauffer une poêle à feu doux avec un peu de matière grasse et réalisez 6 pancakes en formant des ronds.

CONSEILS ET ASTUCES DE FANNY, DIÉTÉTICIENNE

Cette recette vous donne 2 portions de 3 pancakes. Vous pouvez utiliser de la farine de riz classique ou complet, ou encore un mélange de farine de châtaigne et de farine de riz.

LES BIENFAITS DE LA FARINE DE RIZ

Particulièrement fine et légère, la farine de riz est très digeste : elle est donc idéale en cas de digestion délicate. La farine de riz complet a une teneur en fibre plus élevée, et il est conseillé de la mélanger avec une autre farine (farine de châtaigne, fécule de maïs) pour un rendu plus moelleux. Cette farine se marie bien avec les préparations à base d'œuf et de lait, telles que les crêpes, les pancakes, les flans, les crèmes.

SANS LACTOSE

PANCAKES MINCEUR À LA BANANE

265 KCAL

5 MIN

10 MIN

Ingrédients pour **1 personne**

40 g de banane
½ œuf
50 ml de lait d'amande
50 g de farine
2,5 ml d'extrait de vanille

1. Écrasez la banane en purée.
2. Ajoutez le demi-œuf et mélangez bien.
3. Versez le lait d'amande et mélangez à nouveau.
4. Ajoutez la farine, si possible au tamis pour éviter les grumeaux, et versez la vanille.
5. Faites chauffer une poêle à feu doux et faites cuire la pâte en formant des cercles pour obtenir des pancakes.

LES BIENFAITS DE LA BANANE

La banane contient des glucides, des fibres, des sels minéraux (fer, calcium, potassium, magnésium) et des vitamines B6 et C, ce qui en fait un aliment santé. En restant raisonnable sur les quantités, la banane est un fruit idéal lorsqu'on souhaite perdre du poids, car elle produit rapidement un effet de satiété. Utilisée en cuisine pour remplacer le beurre ou le sucre, elle permet de diminuer l'apport calorique dans les recettes.

CONSEILS ET ASTUCES DE FANNY, DIÉTÉTICIENNE

Vous pouvez réaliser un gros pancake ou plusieurs petits, à votre convenance ! Accompagnez-les de fruits frais pour un petit-déjeuner équilibré. Il est possible de remplacer le lait d'amande par un autre lait de votre choix, végétal ou non. Vous pouvez ajouter une petite cuillère à café de levure chimique pour un effet plus gonflé.

PROTÉINÉE

AÇAÏ BOWL

222 KCAL

15 MIN

Ingrédients pour
1 personne

100 g de pulpe d'açaï surgelée
50 g de fruits rouges surgelés
50 g de banane
30 ml de lait d'amande
10 g de miel
10 g de framboises
10 g de myrtilles
5 g d'amandes effilées

1. Dans le bol d'un blender, déposez la pulpe d'açaï, les fruits rouges surgelés et la banane coupée en rondelles.
2. Versez le lait d'amande et mixez. Ajoutez ensuite le miel et mixez à nouveau.
3. Servez bien frais dans un bol, avec les framboises, les myrtilles et les amandes effilées déposées en topping.

CONSEILS ET ASTUCES DE FANNY, DIÉTÉTICIENNE

Vous pouvez utiliser un autre lait, végétal ou demi-écrémé. En fonction des saisons, variez les fruits frais pour le topping.

LES BIENFAITS DE L'AÇAÏ

La baie d'açaï est un petit fruit qui ressemble de près à une myrtille. Son goût est un mélange proche du chocolat et de baies rouges. Grâce à ses propriétés anti-oxydantes, elle est considérée comme un anti-inflammatoire. Elle est une bonne source de vitamines E, B1, fer et fibres alimentaires. Un petit fruit très bon pour la santé !

RAPIDE
FACILE

BOWL CAKE GOURMAND

353 KCAL

5 MIN

2 MIN

Ingrédients pour **1 personne**

40 g de flocons d'avoine complets
1 œuf
50 ml de lait demi-écrémé
10 g de cacao en poudre non sucré
5 g de miel
5 g de levure chimique
50 g de fruits rouges (fraises, myrtilles, mûres)
50 g de yaourt nature

1. Dans un saladier, cassez l'œuf et battez-le.
2. Ajoutez le lait, le cacao, le miel, les flocons d'avoine et la levure chimique. Mélangez bien.
3. Versez 30 g de fruits rouges et mélangez doucement.
4. Versez le tout dans un bol allant au micro-ondes et faites cuire 2 minutes à 800 W.
5. Démoulez et servez avec le yaourt et les 20 g de fruits restants. Vous pouvez le consommer chaud ou attendre qu'il refroidisse.

CONSEILS ET ASTUCES DE FANNY, DIÉTÉTICIENNE

Si vous n'avez pas de micro-ondes, vous pouvez faire cuire votre bowl cake pendant 15 minutes au bain-marie ou dans un cuiseur-vapeur, en surveillant la cuisson. Très peu sucré, le bowl cake est bon pour la santé. Créez vos variantes avec les garnitures et les toppings de votre choix : banane, muesli, coulis de fruits rouges, pépites de chocolat, etc. Réalisé en 5 minutes, le bowl cake est LE petit-déjeuner qui vous calera jusqu'à midi !

PROTÉINÉE

BOWL AVOCAT, CHIA ET FLOCONS D'AVOINE

425 KCAL

15 MIN

Ingrédients pour
1 personne

180 g d'avocat
60 g de citron jaune
20 g d'oignon
5 g de graines de chia
15 g de flocons d'avoine
25 g de banane
25 g de myrtilles

1. Coupez l'avocat en petits morceaux et pressez le citron dessus.
2. Épluchez l'oignon et mixez-le avec l'avocat. Mettez cette purée dans un bol.
3. Coupez la banane en rondelles.
4. Décorez la purée d'avocat avec les myrtilles, les graines de chia, les flocons d'avoine et les rondelles de banane.
5. Servez bien frais.

LES BIENFAITS DES GRAINES DE CHIA

La graine de chia forme des mucilages au contact de l'eau, ce qui la fait gonfler car elle retient l'eau : elle a donc un effet rassasiant. Les graines de chia, riches en oméga-3, aident à lutter contre les maladies cardiovasculaires.

CONSEILS ET ASTUCES DE FANNY, DIÉTÉTICIENNE

Vous pouvez changer à votre guise les décorations de ce bowl en utilisant d'autres fruits, par exemple des framboises ou des fruits oléagineux comme des amandes.

TOAST AVOCAT ET ŒUF POCHÉ

302 KCAL

10 MIN

3 MIN

Ingrédients pour **1 personne**

40 g de pain aux céréales
40 g d'avocat
1 œuf
20 g de fromage frais
3 ml de vinaigre blanc
5 ml de jus de citron
2 g de ciboulette
Sel, poivre

1. Dans un bol, écrasez l'avocat avec le fromage frais et le jus de citron.
2. Assaisonnez avec la ciboulette hachée, du sel et du poivre. Réservez au frais.
3. Faites frémir un grand volume d'eau avec un filet de vinaigre blanc.
4. Cassez l'œuf dans un ramequin, puis versez-le 2 à 3 minutes dans l'eau frémissante pour le pocher. Réservez.
5. Juste avant de servir, faites griller le pain au grille-pain ou sous le gril du four.
6. Étalez la purée d'avocat sur le pain grillé en une couche généreuse, puis disposez l'œuf poché sur le dessus. Dégustez sans attendre.

CONSEILS ET ASTUCES DE FANNY, DIÉTÉTICIENNE

Une recette rapide et saine pour un petit-déjeuner salé. Vous pouvez créer des variantes en remplaçant l'œuf par du saumon fumé, du jambon de dinde ou du bacon.

LES BIENFAITS DU PAIN AUX CÉRÉALES

Le pain aux céréales peut aider à réguler le taux de cholestérol et de glycémie dans l'organisme. À raison de 40 à 60 g au petit-déjeuner, il a toute sa place dans une alimentation équilibrée et une recherche de perte de poids. Vous pouvez trouver différents pains aux céréales, comme ceux aux graines de lin, de tournesol, de maïs ou de flocons d'avoine. Pensez à varier le plus possible vos pains pour un meilleur équilibre alimentaire.

ŒUF BROUILLÉ ET BACON

SALÉ PROTÉINÉE

315 KCAL

10 MIN

Ingrédients pour
1 personne

1 œuf
5 g de beurre
40 g de bacon
60 g de pain complet
Sel, poivre

LES BIENFAITS DE L'ŒUF

L'œuf est un aliment complet, d'un équilibre nutritionnel parfait. Il contient des protéines, des vitamines, des oligo-éléments et une portion importante d'acides gras essentiels (de bonnes graisses pour l'organisme). Il est très nutritif sans pour autant être excessivement calorique. Vous pouvez consommer entre 4 à 6 œufs par semaine.

1. Faites revenir les tranches de bacon dans une poêle chaude non graissée. Réservez.
2. Placez une petite poêle au bain-marie dans une grande casserole pleine d'eau frémissante, presque bouillante.
3. Cassez l'œuf dans la poêle et battez-le légèrement avec une cuillère en bois, de façon à casser le jaune et à le mélanger avec le blanc.
4. Ajoutez le beurre et remuez environ 3 à 4 minutes avec la cuillère en bois, sans vous arrêter. Salez et poivrez à votre convenance.
5. Servez aussitôt avec le bacon et le pain.

CONSEILS ET ASTUCES DE FANNY, DIÉTÉTICIENNE

Ce petit-déjeuner salé type breakfast anglais est souvent associé à une tasse de thé sans sucre et une tartine de marmelade (confiture d'orange). Vous pouvez en mettre une petite cuillère à café sur l'une des tartines de pain complet, soit environ 5 g pour une dizaine de calories supplémentaires.

PETIT-DÉJ BRITANNIQUE REVISITÉ

CUISINE DU MONDE

352 KCAL

8 MIN

5 MIN

Ingrédients pour **1 personne**

1 œuf
40 g de bacon
30 g de pain de mie complet
5 g de marmelade
50 g de haricots blancs à la sauce tomate
20 g de tomates cerises
20 g de champignons

1. Faites cuire les tranches de bacon dans une poêle chaude non huilée. Ajoutez les tomates et les champignons coupés en morceaux et laissez cuire quelques minutes.
2. Une fois grillés et cuits, mettez-les de côté et utilisez la poêle pour faire cuire l'œuf sur le plat.
3. Faites griller le pain de mie et coupez-le en 2. Étalez la marmelade sur les tartines.
4. Dans une petite casserole ou au micro-ondes, faites réchauffer les haricots blancs à la sauce tomate.
5. Servez le tout chaud, et dégustez.

CONSEILS ET ASTUCES DE FANNY, DIÉTÉTICIENNE

Une version allégée du petit-déjeuner britannique, sans saucisse, vous permet de vous faire plaisir sans exploser le compteur de calories. Vous pouvez réaliser vous-même vos haricots blancs à la sauce tomate la veille.

PETIT-DÉJ SALÉ

PORRIDGE AU BACON ET ŒUF

320 KCAL

3 MIN

10 MIN

Ingrédients pour
1 personne

30 g de flocons d'avoine
150 ml de lait demi-écrémé
1 œuf
20 g de bacon
10 g d'emmental râpé
1 g de ciboulette
Sel, poivre

1. Dans une petite casserole, versez les flocons d'avoine avec le lait. Faites cuire à feu doux pendant 5 minutes environ, jusqu'à ce que le porridge cuise et devienne bien crémeux.
2. Ajoutez le fromage râpé puis assaisonnez en sel et poivre à votre goût. Mélangez bien puis couvrez.
3. Dans une poêle antiadhésive, faites griller le bacon quelques minutes, puis réservez-le. Dans la même poêle, cassez l'œuf et faites-le cuire au plat, idéalement à couvert, pendant 3 à 4 minutes.
4. Dans un bol, versez le porridge crémeux au fromage. Sur le dessus, disposez l'œuf au plat, le bacon grillé puis la ciboulette ciselée. Dégustez sans attendre.

LES BIENFAITS DES FLOCONS D'AVOINE

Riches en fibres, en protéines, en fer, en phosphore, en magnésium et en manganèse, les flocons d'avoine sont de vrais alliés santé. Ils vous permettront de faire le plein de bons nutriments dès le matin. Ce sont également des alliés minceur car, riche en fibres solubles (qui gonflent au contact de l'eau), ils sont un coupe-faim naturel.

CONSEILS ET ASTUCES DE FANNY, DIÉTÉTICIENNE

Cette recette express est parfaite pour un brunch ou pour un petit-déjeuner salé. Elle peut aussi constituer un repas léger le soir, simplement accompagnée d'une salade verte.
Le bacon peut être remplacé par du saumon fumé ou du jambon blanc pour varier les plaisirs.

FACILE RAPIDE

BOWL CAKE SALÉ

384 KCAL

5 MIN

5 MIN

Ingrédients pour **1 personne**

40 g de flocons d'avoine
40 g de jambon blanc
20 g de mozzarella
10 g d'olives vertes
1 œuf
20 ml de lait demi-écrémé
25 g de coulis de tomate
1 g d'origan
Sel, poivre

1. Découpez finement le jambon blanc, les olives et la mozzarella.
2. Dans un bol, mélangez les flocons d'avoine, les dés de mozzarella, le jambon et les olives coupés. Ajoutez l'œuf, puis mélangez jusqu'à obtention d'un mélange homogène.
3. Intégrez le lait et le coulis de tomate, puis assaisonnez avec de l'origan, du sel et du poivre.
4. Faites cuire au micro-ondes environ 3 minutes à pleine puissance. Le temps peut varier d'un micro-ondes à l'autre, n'hésitez pas à prolonger la cuisson d'1 minute si nécessaire.
5. Démoulez sur une assiette et dégustez encore chaud, accompagné d'une salade verte.

CONSEILS ET ASTUCES DE FANNY, DIÉTÉTICIENNE

Ce bowl cake salé est idéal pour un repas express et complet. N'hésitez pas à faire en fonction de ce que vous avez à disposition. Le jambon peut être remplacé par du saumon fumé, du blanc de dinde ou du rôti de porc, et la mozzarella par un autre fromage de votre choix ! En l'accompagnant d'une salade verte légèrement assaisonnée et d'un fruit en dessert, vous constituez un repas sain et équilibré.

LES DÉJEUNERS

CEVICHE DE CABILLAUD AU CITRON VERT
WRAP POULET ÉPINARDS
CAKE AU THON
FRIAND AU FROMAGE ALLÉGÉ
NEMS AU POULET
PANCAKES DE COURGETTE
NUGGETS DE POIS CHICHES
PÂTE À LA BOLOGNAISE VÉGÉTARIENNE
CURRY DE TOFU À L'ANANAS
GAUFRES DE PATATE DOUCE
AUBERGINES À LA PARMIGIANA
PAD THAÏ ARC-EN-CIEL
SAUTÉ DE PORC À L'AIGRE-DOUX
BOULETTES DE BŒUF EN CŒUR DE LAITUE
COLOMBO DE POULET
OSSO BUCO
COUSCOUS EXPRESS
CORDONS BLEUS REVISITÉS
TAGLIATELLES AU SAUMON
BLANQUETTE DE CABILLAUD
COLIN À LA NOIX DE COCO
WOK DE NOUILLES AUX CREVETTES
PARMENTIER DE POISSON
BOULETTES DE THON AU PAPRIKA

FRAÎCHEUR

CEVICHE DE CABILLAUD AU CITRON VERT

283 KCAL

20 MIN

MARINADE 2 H

Ingrédients pour **1 personne**

100 g de filet de cabillaud
70 g de tomate
150 g de citrons verts
30 g d'oignon rouge
30 g d'avocat
10 ml d'huile d'olive
5 g de coriandre
Fleur de sel
Poivre

1. Détaillez le cabillaud en petits dés et pressez les citrons verts. Mettez le poisson à mariner dans le jus de citron vert et placez au réfrigérateur pendant 2 heures.
2. Pendant ce temps, détaillez la tomate et l'avocat en dés, ciselez l'oignon et la coriandre finement.
3. Une fois le poisson bien mariné et ainsi précuit dans le citron, égouttez-le soigneusement.
4. Dans un bol, mélangez le poisson égoutté, la tomate et l'avocat coupés en dés, l'oignon ciselé et la coriandre. Ajoutez l'huile d'olive puis assaisonnez avec de la fleur de sel et du poivre.
5. Réservez au frais jusqu'au moment du service.

LES BIENFAITS DE L'AVOCAT

L'avocat est un super-aliment, bon pour la santé. Bien que calorique et riche en lipides, il contient des acides gras mono-insaturés bénéfiques au système cardiovasculaire. Il apporte aussi des vitamines E et B (effet bénéfique sur le système nerveux), du potassium et du magnésium. Évitez l'ajout de mayonnaise ou de vinaigrette quand vous le consommez.

CONSEILS ET ASTUCES DE FANNY, DIÉTÉTICIENNE

Pour encore plus de saveurs, il est possible d'ajouter dans le ceviche un peu de piment haché, ou de chair de fruits de la passion. De même, l'huile de sésame peut remplacer l'huile d'olive. Le poisson étant cru, le ceviche doit être consommé rapidement après préparation. Le ceviche peut être réalisé avec d'autres poissons blancs, tels que la dorade ou le loup.

WRAP POULET ÉPINARDS

ENTRÉE

343 KCAL

8 MIN

20 MIN

Ingrédients pour
1 personne

100 g d'escalope de poulet
40 g de tortilla de blé
60 g de pousses d'épinards
25 g d'échalote
60 g de carottes
15 g de fromage frais
5 g de moutarde à l'ancienne
Sel, poivre

1. Coupez le poulet en morceaux fins, dans la longueur. Émincez l'échalote.
2. Dans une poêle, faites revenir l'échalote émincée pendant 2 à 3 minutes, puis ajoutez le poulet. Faites cuire 10 minutes environ, puis ajoutez les épinards et laissez cuire à feu doux pendant 5 minutes.
3. Pendant ce temps, lavez et épluchez les carottes. À l'aide d'un économe ou d'une mandoline, réalisez des tagliatelles de carotte.
4. Ajoutez les tagliatelles de carotte aux épinards, mélangez bien et laissez cuire encore 2 minutes. Assaisonnez à votre goût.
5. Sur la tortilla de blé, étalez le fromage frais et la moutarde à l'ancienne puis ajoutez la préparation de poulet aux légumes.

CONSEILS ET ASTUCES DE FANNY, DIÉTÉTICIENNE

Vous pouvez utiliser des aiguillettes de poulet ou de dinde. Les pousses d'épinards peuvent être remplacées par d'autres légumes, comme des feuilles de blettes, ou éventuellement des brocolis.

CAKE AU THON

ENTRÉE

215 KCAL /PORTION

10 MIN

45 MIN

Ingrédients pour
1 cake (8 portions)

200 g de farine semi-complète
½ sachet de levure chimique
3 œufs
50 ml de lait demi-écrémé
70 ml d'huile d'olive
100 ml de sauce tomate provençale ou basilic
140 g de thon
Sel

1. Faites préchauffer le four à 170°C, en mode chaleur tournante.
2. Dans un saladier, battez à l'aide d'un fouet les œufs avec l'huile d'olive, le lait et la sauce tomate. Ajoutez le sel à votre goût.
3. Ajoutez la farine et la levure au tamis pour éviter les grumeaux. Mélangez lentement.
4. Ajoutez le thon préalablement égoutté et émietté. Mélangez bien le tout.
5. Versez la préparation dans un moule à cake en silicone (pour éviter l'ajout de matière grasse).
6. Faites cuire pendant 45 minutes, puis piquez le cake avec la lame d'un couteau pour vérifier la cuisson : la lame du couteau doit ressortir sèche.

LES BIENFAITS DE L'HUILE D'OLIVE

C'est une huile indispensable dans l'alimentation, à raison d'une cuillère à soupe par repas et par personne. Ses constituants en font une arme efficace contre le vieillissement, l'hypertension artérielle et le diabète.

CONSEILS ET ASTUCES DE FANNY, DIÉTÉTICIENNE

Vous pouvez réaliser une version végétarienne de ce cake en remplaçant le thon par des légumes du type courgettes, poivrons, petits pois cuits, tomates. Accompagné d'une salade verte légèrement assaisonnée, il fait une délicieuse entrée.

ENTRÉE

FRIAND AU FROMAGE ALLÉGÉ

391 KCAL

15 MIN

20 MIN

Ingrédients pour
1 personne

40 g de pâte feuilletée
20 g d'emmental râpé
10 g de Maïzena®
10 g de beurre
125 ml de lait demi-écrémé
Noix de muscade
Sel, poivre

1. Commencez par réaliser une béchamel. Pour cela, faites chauffer le beurre avec la Maïzena® à feu moyen.
2. Lorsque le mélange devient doré, versez le lait et laissez épaissir à feu moyen pendant 5 minutes, sans cesser de mélanger.
3. Ajoutez l'emmental râpé et laissez-le fondre dans la béchamel quelques minutes. Assaisonnez en sel, poivre et muscade à votre goût. Réservez et laissez refroidir.
4. Faites préchauffer le four à 210°C.
5. Découpez la pâte feuilletée en 2 rectangles de taille égale. Versez la béchamel au fromage sur un des deux rectangles de pâte, bien au centre et en laissant des rebords pour souder le friand. Humidifiez les bords avec de l'eau.
6. Recouvrez avec le deuxième rectangle de pâte, en appuyant bien sur les bords pour souder le friand et éviter que la béchamel ne coule à la cuisson. Réalisez des entailles sur le dessus à l'aide d'une lame de couteau.
7. Enfournez pour 20 minutes environ. Le friand doit être gonflé et doré.

CONSEILS ET ASTUCES DE FANNY, DIÉTÉTICIENNE

Pour un rendu plus joli, il est possible de dorer le dessus du friand au jaune d'œuf. Dans la béchamel, l'emmental peut être remplacé par un autre fromage de votre choix pour varier les plaisirs. Vous pouvez également réaliser la béchamel Croq'Kilos sans beurre.

CONSEILS ET ASTUCES DE FANNY, DIÉTÉTICIENNE

Ne pas hésiter à assaisonner la farce selon les goûts en lui ajoutant un peu de piment ou des épices. La cuisson au four permet de rendre ce grand classique de la cuisine asiatique encore plus sain et digeste !

CUISINE DU MONDE

NEMS AU POULET

330 KCAL

25 MIN

20 MIN

Ingrédients pour
2 nems (1 personne)

20 g de feuilles de riz
50 g de blanc de poulet
40 g de carotte
40 g de champignons
30 g de pousses de soja
20 g de vermicelles de riz
15 g d'oignon
15 ml de jus de citron vert
5 ml de sauce nuoc-mâm
25 ml de sauce soja
Coriandre fraîche
10 ml d'huile neutre
Sel, poivre

1. Réhydratez les vermicelles de riz quelques minutes dans un grand volume d'eau bouillante salée, en suivant les indications de préparation qui figurent sur le paquet. Égouttez et réservez.
2. Nettoyez soigneusement l'ensemble des légumes et épluchez la carotte. Découpez les légumes et la coriandre grossièrement, et le poulet en cubes.
3. Dans le bol d'un blender, déposez le poulet, la carotte, les champignons, l'oignon et la coriandre fraîche. Mixez rapidement pour obtenir une farce homogène mais pas trop liquide.
4. Ajoutez le jus de citron vert, la sauce soja, la sauce nuoc-mâm, les pousses de soja. Assaisonnez à votre goût. Mixez de nouveau quelques secondes. Réservez.
5. Découpez grossièrement les vermicelles de riz et intégrez-les à la farce. Rectifiez l'assaisonnement si besoin.
6. Dans une poêle bien chaude, faites rissoler la farce pendant 3 minutes afin que le poulet soit précuit.
7. Faites préchauffer le four à 190°C.
8. Trempez une feuille de riz dans de l'eau tiède pendant 30 secondes. Disposez-la sur un torchon propre.
9. Déposez la moitié de la farce sur le tiers inférieur de la feuille de riz, puis roulez le nem en un rouleau bien serré, afin que la farce ne s'échappe pas à la cuisson. Répétez l'opération pour former un deuxième nem.
10. Disposez les nems sur une plaque allant au four et recouverte de papier sulfurisé. Badigeonnez d'huile neutre au pinceau. Enfournez pour une vingtaine de minutes, en retournant à mi-cuisson pour que les nems soient bien dorés.

VÉGÉ

PANCAKES DE COURGETTE

309 KCAL

35 MIN

5 MIN

Ingrédients pour
1 personne
(5 pancakes)

350 g de courgettes
30 g d'oignon
30 g de farine
15 g de farine de riz
10 g de Maïzena®
5 g de levure chimique
2 g d'ail en poudre
10 ml d'eau
5 ml d'huile
Sel, poivre

LES BIENFAITS DE LA COURGETTE

Très peu calorique, la courgette est un super légume ! Vous pouvez la consommer crue ou cuite à la vapeur, frite, poêlée, farcie. La courgette demande peu de préparation. Elle peut même être utilisée dans les pâtisseries pour remplacer la matière grasse.

1. Épluchez les courgettes puis taillez-les en allumettes. Mettez-les dans un bol et parsemez de sel afin qu'elles dégorgent, pendant environ 30 minutes.
2. Pendant ce temps, émincez finement l'oignon.
3. Une fois que les courgettes ont dégorgé, retirez l'eau rendue puis ajoutez l'oignon, les farines, la Maïzena®, la levure, l'ail en poudre, le sel et le poivre. Mélangez bien et ajoutez un peu d'eau pour lier jusqu'à obtenir une pâte épaisse.
4. Faites chauffer à feu moyen une poêle antiadhésive huilée, et formez des petits tas puis aplatissez-les. Quand le dessus commence à sécher, retournez-les.
5. Servez bien chaud.

CONSEILS ET ASTUCES DE FANNY, DIÉTÉTICIENNE

Ces pancakes peuvent être servis avec une salade verte légèrement assaisonnée. Vous pouvez réaliser une version plus complète en ajoutant aux courgettes du jambon coupé finement.

VÉGÉ

NUGGETS DE POIS CHICHES

336 KCAL /PORTION DE 5 NUGGETS

15 MIN

20 MIN

1 NUIT

Ingrédients pour
10 nuggets
(2 personnes)

100 g de pois chiches crus
70 g de carottes
70 g de poireau
50 g d'oignon
1 œuf
25 g de chapelure
5 ml de jus de citron
10 ml d'huile d'olive
3 g d'ail
Paprika
5 g de persil
Sel, poivre

1. La veille, mettez les pois chiches à réhydrater dans un grand volume d'eau.
2. Le jour J, égouttez les pois chiches puis faites-les cuire pendant 1 heure dans un grand volume d'eau non salée. Lorsqu'ils sont tendres, égouttez-les puis laissez refroidir.
3. Nettoyez tous les légumes. Épluchez les carottes et découpez-les en fines lamelles, détaillez le poireau. Hachez l'ail et le persil, ciselez l'oignon.
4. Dans le bol d'un blender, déposez les pois chiches, les carottes, le poireau, l'oignon et l'ail. Mixez grossièrement une première fois.
5. Ajoutez le reste des ingrédients sauf l'huile, puis mixez de nouveau jusqu'à obtenir une pâte homogène mais pas trop liquide. Goûtez puis ajustez l'assaisonnement si nécessaire.
6. Faites préchauffer le four à 200°C.
7. À l'aide de 2 cuillères, façonnez 10 petits nuggets. Trempez-les dans la chapelure, déposez-les dans un plat allant au four puis enfournez-les pendant 10 à 15 minutes. En fin de cuisson, les nuggets doivent être bien dorés.

CONSEILS ET ASTUCES DE FANNY, DIÉTÉTICIENNE

N'hésitez pas à relever le goût de la pâte à base de pois chiches en y ajoutant des herbes et des épices de votre choix. Pour une recette plus rapide, vous pouvez utiliser des pois chiches en conserve, soit 250-300 g de pois chiches cuits. Vous pouvez également faire cuire les nuggets dans une poêle chaude huilée plutôt qu'au four. En les accompagnant d'une salade verte légèrement assaisonnée, vous allez vous régaler !

REVISITÉ

PÂTES À LA BOLOGNAISE VÉGÉTARIENNE

426 KCAL

10 MIN

40 MIN

Ingrédients pour **1 personne**

50 g de carotte
30 g d'oignon
5 g d'ail
50 g de champignons
25 g de lentilles sèches
15 g de coulis de tomate
100 g de tomates entières pelées en conserve
100 ml de bouillon de légume
60 g de pâtes crues
5 g de parmesan
5 ml d'huile d'olive

1. Épluchez les légumes et coupez-les en petits morceaux. Faites-les cuire à la vapeur.
2. Dans une casserole, faites chauffer l'huile d'olive, ajoutez les légumes cuits et faites revenir à feu doux pendant 10 minutes.
3. Ajoutez les lentilles, le coulis de tomate, le bouillon de légume et les tomates pelées.
4. Assaisonnez à votre goût et poursuivez la cuisson à couvert pendant 30 minutes, jusqu'à ce que les lentilles soient cuites.
5. Lorsque la cuisson de la bolognaise est presque finie, faites cuire les pâtes en suivant les indications sur le paquet.
6. Égouttez les pâtes et mélangez-les à la sauce bolognaise végétarienne. Disposez le parmesan par-dessus, au moment du service.

CONSEILS ET ASTUCES DE FANNY, DIÉTÉTICIENNE

Une recette de pâtes à la bolognaise végétarienne où les lentilles viennent remplacer le bœuf : vous serez bluffés ! Si vous êtes pressés, vous pouvez utiliser des lentilles cuites ou précuites en sachet pour diminuer le temps de cuisson global.

LES BIENFAITS DES LENTILLES

Les lentilles appartiennent à la famille des légumineuses. Les légumineuses contiennent autant de protéines que la viande ou le poisson. Certains acides aminés composant les protéines ne peuvent pas être synthétisés par l'organisme, qui doit les trouver dans l'alimentation. Or, on trouve ces acides aminés en grande quantité dans les céréales. Ainsi, en associant légumes secs et céréales (féculents), on parvient à un parfait équilibre des acides aminés indispensables pour l'organisme.

CURRY DE TOFU À L'ANANAS

VEGAN

371 KCAL

5 MIN

10 MIN

Ingrédients pour
1 personne

35 g de riz
60 g de tofu
50 ml de lait de coco
50 g d'ananas frais
5 ml d'huile d'olive
Curry
Sel, poivre

1. Faites cuire le riz comme indiqué sur le paquet.
2. Coupez l'ananas en morceaux et le tofu en dés.
3. Déposez le tofu dans une poêle chaude huilée et ajoutez une cuillère à café de curry, ainsi que l'ananas et le lait de coco.
4. Salez et poivrez à votre convenance.
   Laissez mijoter à feu moyen pendant 10 minutes.
5. Servez aussitôt le riz égoutté, en le nappant du curry de tofu.

CONSEILS ET ASTUCES DE FANNY, DIÉTÉTICIENNE

Cette recette est un remède « ventre plat », car les ingrédients permettent d'éviter les ballonnements de digestion.

LES BIENFAITS DU TOFU

Comme le soja à partir duquel il est fabriqué, le tofu est une bonne source de protéines végétales. Faible en matière grasse, il est source de vitamines, de calcium, de fer et de magnésium.

GAUFRES DE PATATE DOUCE

VÉGÉ

207 KCAL /GAUFRE

15 MIN | 30 MIN | 30 MIN

Ingrédients pour
4 personnes

200 g de patate douce
1 œuf
20 g de beurre
65 g de farine
25 ml de lait demi-écrémé
5 g de levure chimique
80 g de fromage frais

1. Faites cuire la patate douce à la vapeur jusqu'à ce qu'elle soit bien tendre.
2. Écrasez-la dans un saladier. Ajoutez le lait pour former une purée dont la texture ne doit être ni trop liquide, ni trop solide.
3. Mélangez avec l'œuf, la farine et le beurre fondu. Ajoutez la levure et laissez reposer au frais 30 minutes au moins.
4. Disposez la pâte dans un moule à gaufre et faites cuire.
5. Lorsque les gaufres sont cuites, garnissez-les de fromage frais et dégustez aussitôt !

CONSEILS ET ASTUCES DE FANNY, DIÉTÉTICIENNE

Ces gaufres peuvent être accompagnées de salade verte pour un repas équilibré. Vous pouvez également ajouter des toppings de votre choix (jambon blanc, saumon fumé, etc.), mais l'apport calorique sera alors modifié !

VÉGÉ

AUBERGINES À LA PARMIGIANA

303 KCAL

30 MIN

60 MIN

Ingrédients pour
1 personne

250 g d'aubergines
4 g d'ail
200 g de tomates concassées
10 g de concentré de tomates
10 ml d'huile d'olive
25 ml de vin rouge
25 ml d'eau
30 g de mozzarella
15 g de parmesan
Basilic
Sel, poivre

1. Lavez les aubergines et coupez-les en tranches. Faites-les dégorger dans du gros sel pendant 15 minutes, pendant que le four préchauffe à 200°C.
2. Pendant ce temps, préparez la sauce tomate : faites revenir l'ail dans une poêle avec 5 ml d'huile d'olive, ajoutez les tomates concassées, le concentré de tomates, le vin rouge et l'eau. Salez, poivrez et laissez mijoter pendant 30 à 40 minutes.
3. Coupez la mozzarella en dés. Réservez.
4. Faites revenir les aubergines dans le reste d'huile d'olive (5 ml). Réservez.
5. Lorsque la sauce tomate est prête, placez dans un plat individuel une couche d'aubergines, une couche de mozzarella, puis une couche de sauce tomate. Renouvelez ces couches une deuxième fois avant de recouvrir de parmesan râpé et de basilic frais.
6. Enfournez pour 20 minutes.

CONSEILS ET ASTUCES DE FANNY, DIÉTÉTICIENNE

Une super recette d'été. Les aubergines peuvent être remplacées par des courgettes !

CUISINE DU MONDE

PAD THAÏ ARC-EN-CIEL

452 KCAL

15 MIN

10 MIN

Ingrédients pour
1 personne

40 g de nouilles chinoises
40 g de courgette
40 g de poivron rouge
25 g d'oignon rouge
60 g de carottes
50 g de tofu
10 ml d'huile de colza
10 g de cacahuètes
10 g d'oignon vert
15 ml de sauce soja
5 g de cassonade
10 ml d'eau
15 ml de vinaigre de riz
1 ml d'harissa

1. Faites tremper les nouilles dans un bol d'eau bouillante pendant environ 4 minutes. Égouttez et réservez.
2. Coupez en julienne la courgette, le poivron, l'oignon et les carottes. Coupez le tofu en dés. Hachez l'oignon vert.
3. Dans une poêle, faites chauffer l'huile puis faites sauter les légumes et le tofu pendant 3 à 4 minutes. Transférez dans un bol.
4. Ajoutez dans la même poêle les nouilles, la sauce soja, la cassonade, l'eau, le vinaigre de riz et l'harissa. Mélangez bien. Ajoutez les légumes et remuez de nouveau.
5. Versez dans un bol. Garnissez d'oignon vert et de cacahuètes.

CONSEILS ET ASTUCES DE FANNY, DIÉTÉTICIENNE

Le tofu peut être remplacé par une autre source de protéines : œuf ou seitan si vous êtes végétarien, viande ou poisson si vous ne l'êtes pas !

SUCRÉ/SALÉ

SAUTÉ DE PORC À L'AIGRE-DOUX

289 KCAL

15 MIN

25 MIN

Ingrédients pour
1 personne

100 g de filet mignon de porc
100 g de poivron rouge
80 g d'ananas en conserve
50 g d'oignon
5 ml de sauce soja sucrée
5 ml de vinaigre de riz
5 g de ketchup
5 ml d'huile d'olive
Sel, poivre

1. Coupez le porc en cubes. Nettoyez soigneusement les légumes, émincez finement l'oignon et le poivron.
2. Égouttez l'ananas au sirop puis détaillez-le en dés.
3. Dans une sauteuse, faites dorer le porc dans l'huile d'olive pendant quelques minutes. Une fois la viande dorée sur toutes les faces, réservez-la dans une assiette.
4. Dans la poêle chaude, faites suer l'oignon et le poivron. Faites cuire à couvert environ 10 minutes jusqu'à ce que les légumes soient bien fondants.
5. Ajoutez ensuite la viande précuite ainsi que les morceaux d'ananas, et arrosez de sauce soja sucrée, de vinaigre de riz et de ketchup. Mélangez pour obtenir une sauce homogène. Si la sauce manque d'onctuosité, il est possible d'ajouter une cuillère à café rase de Maïzena® pour l'épaissir très légèrement.
6. Rectifiez l'assaisonnement avec du sel et du poivre si besoin, couvrez et laissez mijoter 10 minutes supplémentaires avant de servir bien chaud.

LES BIENFAITS DES POIVRONS

Le poivron est pauvre en calories et riche en vitamines C (et B9 pour le jaune). Vous pouvez le garder jusqu'à 8 jours dans le bac à légumes du réfrigérateur.

CONSEILS ET ASTUCES DE FANNY, DIÉTÉTICIENNE

Cette recette peut être réalisée en plus grande quantité, car elle se conserve bien et est encore meilleure réchauffée le lendemain ! Pensez à peler le poivron pour une meilleure digestion. Le manger cuit est aussi conseillé pour les intestins fragiles.

VAPEUR

BOULETTES DE BŒUF EN FEUILLE DE LAITUE

210 KCAL

10 MIN

10 MIN

Ingrédients pour **1 personne**

100 g de bœuf haché
5 % de MG
½ blanc d'œuf
5 g de Maïzena®
10 ml d'eau
5 ml d'huile
2 g de graines de sésame
5 g de coriandre fraîche
5 g de ciboulette fraîche
2 feuilles de laitue
Sel, poivre

1. Émincez la coriandre et la ciboulette.
2. Dans le bol d'un blender, disposez la viande hachée, le demi-blanc d'œuf, la Maïzena®, l'eau, l'huile, les graines de sésame, la coriandre, la ciboulette. Assaisonnez. Mixez.
3. Avec la pâte obtenue, façonnez 2 boulettes de même taille.
4. Nettoyez 2 grandes feuilles de laitue et essorez-les. Disposez une boulette dans chaque feuille de laitue et déposez-les dans un cuit-vapeur.
5. Faites cuire à la vapeur pendant 5 à 10 minutes, selon la cuisson souhaitée.

CONSEILS ET ASTUCES DE FANNY, DIÉTÉTICIENNE

Ces boulettes en feuille de laitue peuvent être servies avec une sauce au yaourt ou une sauce tomate nature, accompagnées de semoule fine (40 g de semoule crue équivalent à 140 calories supplémentaires) ou de boulghour (40 g de boulghour cru équivalent à 140 calories).

CUISINE DU MONDE

COLOMBO DE POULET

403 KCAL

15 MIN

40 MIN

MARINADE 2 H

Ingrédients pour **1 personne**

100 g d'escalope de poulet
100 g de courgette
70 g d'aubergine
40 g d'oignon
20 ml d'eau
5 ml d'huile d'olive
5 g d'ail
5 g d'épices à colombo
5 ml de jus de citron vert
100 ml de lait de coco
Coriandre
Sel, poivre

LES BIENFAITS DU LAIT DE COCO

Le lait de coco est une bonne alternative végétale au lait de vache. Il se consomme froid comme chaud. On peut l'ajouter en fin de cuisson comme une crème, ou l'utiliser pour y faire cuire les aliments. À consommer de façon modérée, car il est beaucoup plus calorique que le lait demi-écrémé et les autres laits végétaux.

1. Ciselez finement l'oignon, hachez l'ail et la coriandre. Dans un bol, mélangez l'oignon, l'ail, le jus de citron vert, la coriandre et les épices à colombo. Ajoutez un filet d'eau puis mélangez à nouveau pour obtenir une marinade homogène.
2. Découpez le poulet en cubes. Plongez-les dans la marinade, couvrez et laissez reposer au réfrigérateur pendant au moins 2 heures.
3. Pendant ce temps, coupez la courgette et l'aubergine en petits dés.
4. Dans une cocotte, faites chauffer l'huile d'olive. Faites-y suer le poulet mariné ainsi que la marinade pendant quelques minutes, jusqu'à ce que la viande soit dorée sur toutes ses faces et que l'oignon devienne translucide.
5. Ajoutez l'aubergine, puis faites cuire 5 minutes supplémentaires. Baissez le feu, ajoutez la courgette ainsi qu'un filet d'eau si nécessaire. Couvrez et faites cuire une dizaine de minutes jusqu'à ce que tous les éléments soient bien tendres.
6. Arrosez de lait de coco, rectifiez l'assaisonnement selon votre goût avec des épices à colombo, du sel et du poivre. Couvrez et faites cuire quelques minutes supplémentaires avant de servir bien chaud.

CONSEILS ET ASTUCES DE FANNY, DIÉTÉTICIENNE

Cette recette peut être réalisée avec des crevettes. Pour les amateurs de cuisine relevée, il est possible d'ajouter du piment antillais ou du piment doux.

CUISINE DU MONDE

OSSO BUCO

356 KCAL

15 MIN

1 H

Ingrédients pour **1 personne**

125 g de jarret de veau (en tranche)
200 g de carottes
100 g d'oignon
100 g de tomate
125 ml de bouillon de bœuf
Thym
Laurier
5 ml d'huile d'olive
50 ml de vin blanc
Sel, poivre

1. Commencez par fariner la tranche de jarret.
2. Épluchez les carottes et coupez-les en rondelles. Épluchez l'oignon et émincez-le.
3. Faites chauffer l'huile dans une cocotte et saisissez la viande.
4. Ajoutez ensuite les carottes et l'oignon.
5. Arrosez avec le vin et le bouillon. Assaisonnez à votre goût, puis ajoutez le thym et le laurier.
6. Portez à ébullition avant de faire réduire et laissez mijoter à feu doux pendant 1 heure.
7. Coupez la tomate en morceaux et ajoutez-la dans la cocotte 30 minutes avant la fin.

LES BIENFAITS DES CAROTTES

La carotte est un super légume ! Elle contient plusieurs vitamines, notamment une forte teneur en bêta-carotène qui se transforme dans l'organisme en vitamine A, nécessaire à l'acuité visuelle et à la protection de la peau. Le pouvoir antidiarrhéique de la carotte est reconnu, et ses fibres ont une action régulatrice sur les intestins.

CONSEILS ET ASTUCES DE FANNY, DIÉTÉTICIENNE

Un plat en sauce qui reste peu calorique : profitons-en ! Ce plat peut être servi avec des pâtes ou de la polenta, ce qui ajoutera des calories supplémentaires.

COUSCOUS EXPRESS

CUISINE DU MONDE

489 KCAL · 10 MIN · 20 MIN

Ingrédients pour
1 personne

45 g de semoule
100 g de tomates concassées
20 g de pois chiches cuits en conserve
100 g de carottes
100 g de courgettes
100 g de pilons de poulet
5 ml d'huile d'olive
Ras el-hanout
Sel, poivre

1. Dans une cocotte-minute, faites revenir rapidement les morceaux de viande avec l'huile, ajoutez le concassé de tomate, les courgettes (non épluchées) et les carottes coupées en tronçons.
2. Ajoutez le ras el-hanout, salez et poivrez.
3. Couvrez d'eau et faites cuire environ 20 minutes. Cinq minutes avant la fin, ajoutez les pois chiches.
4. Pour la semoule, référez-vous aux indications sur le paquet, car elles varient selon la taille du grain et la marque.

LES BIENFAITS DES POIS CHICHES

Les pois chiches font partie de la famille des légumineuses et sont une excellente source en protéines végétales. Riches en fibres alimentaires solubles, ils augmentent l'effet de satiété et réduisent l'appétit. Ils favorisent le transit intestinal grâce aux fibres insolubles, mais attention, ils peuvent causer des inconforts (flatulences, ballonnements…) : à consommer avec modération.

CORDONS BLEUS REVISITÉS

291 KCAL /2 CORDONS

20 MIN

25 MIN

Ingrédients pour
1 personne

100 g de courge butternut
40 g de jambon blanc
20 g de comté
½ œuf
10 g de farine blanche
10 g de chapelure
Sel, poivre

1. Faites préchauffer le four à 180°C.
2. Découpez deux rondelles de courge, puis coupez chaque rondelle en deux.
3. Dans une casserole d'eau bouillante, faites cuire les rondelles de courge pendant environ 10 minutes.
4. Sur une demi-rondelle de courge, placez une demi-tranche de jambon et la moitié du comté. Recouvrez avec la deuxième demi-rondelle de courge. Répétez l'opération pour obtenir un deuxième cordon bleu.
5. Cassez l'œuf dans un bol et battez-le. Assaisonnez selon votre convenance.
6. Trempez le cordon bleu d'abord dans la farine, puis dans l'œuf, enfin dans la chapelure.
7. Placez les cordons bleus dans un plat allant au four et enfournez pendant 20 à 25 minutes.

CONSEILS ET ASTUCES DE FANNY, DIÉTÉTICIENNE

Cette version revisitée du cordon bleu permet un repas complet avec le jambon, le fromage et la courge butternut qui apporte des fibres. Vous pouvez ajouter un peu d'herbes aromatiques dans la chapelure.

RECETTE DE LA MER

TAGLIATELLES AU SAUMON

451 KCAL

15 MIN

15 MIN

Ingrédients pour 1 personne

35 g de tagliatelles crues
100 g de saumon frais
50 g de fromage blanc
30 ml de crème fraîche à 20 % de MG
10 g de parmesan
5 ml de jus de citron
4 g d'ail
Aneth
Sel, poivre

1. Faites cuire les pâtes al dente dans un grand volume d'eau bouillante salée en suivant les indications qui figurent sur le paquet. Égouttez et réservez.
2. Pendant ce temps, hachez l'ail et l'aneth. Découpez le saumon frais en petits dés.
3. Dans une casserole, faites chauffer la crème, le fromage blanc, le jus de citron et l'ail haché. Lorsque la crème est chaude, plongez-y les dés de saumon.
4. Laissez cuire le saumon à feu doux pendant une dizaine de minutes : il doit être bien immergé dans le fromage blanc chaud. Assaisonnez avec du sel et du poivre à votre goût.
5. Ajoutez les pâtes dans la casserole en remuant pendant 1 minute pour les imbiber uniformément de sauce. Servez les tagliatelles surmontées d'aneth fraîche et de copeaux de parmesan.

CONSEILS ET ASTUCES DE FANNY, DIÉTÉTICIENNE

Dans cette recette, l'aneth est facultative et peut être remplacée par de la ciboulette ou du persil ciselé. Le fromage blanc permet d'obtenir une sauce à la fois légère et onctueuse.

RECETTE DE LA MER

BLANQUETTE DE CABILLAUD

368 KCAL

20 MIN

30 MIN

Ingrédients pour **1 personne**

200 g de filet de cabillaud
150 g de blancs de poireaux
100 g d'oignon
50 ml de bouillon de volaille
20 ml de crème fraîche à 20 % de MG
2 g de Maïzena®
5 g de beurre
5 ml d'huile d'olive
Curry
Persil

1. Émincez l'oignon. Coupez les blancs de poireaux en petits tronçons, lavez-les puis séchez-les.
2. Mettez le beurre et l'huile dans une casserole et faites-y revenir le poireau et l'oignon. Ajoutez le bouillon de volaille et le curry. Laissez mijoter 10 minutes.
3. Ajoutez ensuite la crème et la Maïzena® pour que l'ensemble épaississe légèrement.
4. Coupez le filet de cabillaud en 2 et placez-le dans la casserole. Laissez mijoter à feu doux pendant 5 minutes. Assaisonnez.
5. Servez le poisson dans une assiette creuse, entouré de sauce autour et avec les poireaux. Parsemez de persil haché.

CONSEILS ET ASTUCES DE FANNY, DIÉTÉTICIENNE

C'est une recette idéale pour tous ceux qui n'aiment pas cuisiner le poisson, car elle très facile à réaliser et vous allez vous régaler !
Vous pouvez ajouter des carottes pour apporter de la couleur. Si vous préférez les légumes pas trop croquants, faites-les précuire à la vapeur une dizaine de minutes avant.

COLIN À LA NOIX DE COCO

SUCRÉ/SALÉ EXOTIQUE

328 KCAL

5 MIN

45 MIN

Ingrédients pour
1 personne

120 g de filets de colin
25 g d'oignon
10 g de noix de coco râpée
25 ml de lait de coco
150 g de pommes de terre
5 g de coriandre
3 g de cannelle
Paprika
Sel, poivre

1. Pelez l'oignon et taillez-le en rondelles.
2. Dans un plat à gratin allant au four, disposez les oignons et déposez le poisson dessus.
3. Épluchez les pommes de terre et coupez-les en rondelles.
4. Déposez-les autour du poisson.
5. Saupoudrez avec la noix de coco râpée, la cannelle, le paprika et la coriandre.
6. Versez le lait de coco sur l'ensemble, assaisonnez selon votre convenance et couvrez le plat.
7. Enfournez pour 45 minutes à 200°C.

LES BIENFAITS DE LA CANNELLE

Cette épice possède des vertus anti-oxydantes et anti-inflammatoires. Elle a des actions reconnues sur le système immunitaire. La cannelle peut vous aider à calmer les brûlures d'estomac

CONSEILS ET ASTUCES DE FANNY, DIÉTÉTICIENNE

Les pommes de terre cuites dans le plat auront un petit parfum de coco. Vous pouvez choisir de servir ce plat avec du riz à la place des pommes de terre, à raison de 35 g (cru) par personne.

WOK DE NOUILLES AUX CREVETTES

CUISINE DU MONDE

420 KCAL

10 MIN

8 MIN

Ingrédients pour **1 personne**

100 g de nouilles fraîches
60 g de crevettes
5 ml de sauce soja salée
65 g de carottes
15 g d'oignon nouveau (ou cébette)
3 ml d'huile d'olive

1. Faites cuire les nouilles selon les indications du paquet (généralement 2 à 3 minutes dans l'eau bouillante).
2. Coupez les carottes et la cébette en fines tranches. Faites-les sauter dans une poêle bien chaude avec l'huile d'olive.
3. Remuez constamment pendant 5 minutes sur feu vif. Les légumes doivent rester croquants.
4. Coupez le feu avant d'ajouter les crevettes et la sauce soja.
5. Ajoutez les nouilles cuites, mélangez le tout et dégustez bien chaud.

CONSEILS ET ASTUCES DE FANNY, DIÉTÉTICIENNE

L'utilisation de nouilles fraîches est recommandée pour un meilleur résultat. Mais il est tout à fait possible d'utiliser des nouilles sèches ou, à défaut, des spaghettis. Vous pouvez décorer votre assiette avec un peu de vert de cébette coupé, ou des graines de sésame grillées.

RECETTE DE LA MER

PARMENTIER DE POISSON

436 KCAL

20 MIN

40 MIN

Ingrédients pour **1 personne**

80 g de céleri-rave
80 g de pomme de terre
60 g de saumon frais
60 g de filet de cabillaud
25 g d'oignon
30 ml de crème liquide à 30 % de MG
10 g de parmesan
5 g de ciboulette
5 ml d'huile d'olive
Sel, poivre

LES BIENFAITS DU CÉLERI

Le céleri, peu calorique, est riche en fibres et en oligo-éléments. Ses fibres s'attendrissent à la cuisson et deviennent plus digestes. Il contient des vitamines A, B et C. Riche en minéraux, il est conseillé aux sportifs, aux personnes âgées et aux adolescents. Attention à sa teneur en sodium, qui est élevée.

1. Épluchez le céleri-rave et la pomme de terre, coupez-les en morceaux et faites-les cuire dans de l'eau bouillante pendant 25 minutes.
2. Pendant ce temps, émincez finement l'oignon et faites-le dorer dans une poêle avec l'huile d'olive.
3. Ajoutez le saumon et le cabillaud préalablement émiettés. Assaisonnez à votre goût, puis laissez mijoter à feu moyen jusqu'à ce que les poissons soient cuits.
4. Faites préchauffer le four à 180°C.
5. Quand les pommes de terre et le céleri-rave sont cuits, égouttez-les dans une passoire et mixez-les afin d'obtenir une purée.
6. Ajoutez la crème, assaisonnez et mélangez bien.
7. Disposez le mélange de poissons dans un plat allant au four, puis recouvrez avec la purée.
8. Saupoudrez de parmesan et enfournez pendant 15 minutes.
9. Servez bien chaud, en décorant de ciboulette ciselée.

CONSEILS ET ASTUCES DE FANNY, DIÉTÉTICIENNE

Vous pouvez tester ce parmentier avec d'autres poissons : colin, saumon, merlan, etc. Dans cette recette, vous pouvez également remplacer le céleri par un autre légume (carottes, poireaux, navets, blettes,...). Accompagnez le plat d'une salade verte.

RECETTE DE LA MER

BOULETTES DE THON AU PAPRIKA

425 KCAL

5 MIN

5 MIN

Ingrédients pour **1 personne**

70 g de thon en conserve
10 g de chapelure
½ œuf
25 g de farine
25 g d'oignon
10 g de moutarde
30 g de riz
20 ml de sauce tomate nature
5 ml d'huile olive
5 g de persil
Sel, poivre

1. Faites cuire le riz selon le temps indiqué sur le paquet.
2. Pendant ce temps, pelez et hachez l'oignon. Lavez et ciselez le persil. Réservez.
3. Dans un saladier, déposez le thon égoutté et émiettez-le à la fourchette. Ajoutez la chapelure et la farine. Mélangez bien.
4. Ajoutez l'oignon, le persil, la moutarde et le demi-œuf. Salez et poivrez à votre convenance. Mélangez, formez des boulettes et roulez-les dans la farine.
5. Faites-les dorer dans une poêle chaude huilée. Ajoutez la sauce tomate.
6. Servez les boulettes avec le riz et la sauce tomate.

CONSEILS ET ASTUCES DE FANNY, DIÉTÉTICIENNE

Rapides à faire et délicieuses, ces boulettes peuvent se conserver jusqu'à 3 jours. Vous pouvez les réchauffer à la poêle ou au four.
Dans la farce au thon, il est aussi possible d'ajouter des carottes préalablement coupées en petits dés et cuites à la vapeur.

LES COLLATIONS

BOUNTY MAISON LIGHT
BROWNIE AU CHOCOLAT BLANC
SCONES AU CHOCOLAT
CRÊPES CHOCO-COCO
CASSE-CROÛTE AU CHOCOLAT MAISON
PALMIERS MAISON
QUATRE-QUARTS ALLÉGÉ
GÂTEAU AUX POMMES
TARTE AU DAIM®
OREO® MAISON
CAKE BANANE ET NOIX
MUFFINS À LA POMME
GRATIN DE FRUITS ROUGES
CHIPS DE FRUITS
PUDDING CHOCO-CHIA
COOKIE GÉANT AUX AMANDES À LA POÊLE
ENERGY BALLS
CHEESECAKE AU SKYR
BARRES DE CÉRÉALES SUCRÉES
BARRES DE CÉRÉALES SALÉES

GOURMAND

BOUNTY MAISON LIGHT

270 KCAL /PORTION DE 2 MINI-BOUNTY

25 MIN

1 NUIT + 1H15

Ingrédients pour
16 mini-bounty
(soit 8 portions)

200 g de lait concentré sucré
100 g de noix de coco râpée
150 g de chocolat noir

LES BIENFAITS DU CHOCOLAT NOIR

Mélange de cacao et de sucre, le chocolat apporte du magnésium, qui règle l'équilibre musculaire et nerveux. Le chocolat contient des substances stimulantes qui expliqueraient son intérêt pour remonter le moral. Malgré tout, le chocolat contient également beaucoup de graisses : il faut donc être raisonnable avec sa consommation. Le chocolat noir est préférable, car il reste le moins gras.

1. Dans un saladier, mélangez la noix de coco râpée avec le lait concentré sucré. Remuez soigneusement jusqu'à ce que le lait concentré enrobe complètement la noix de coco.
2. Chemisez un grand plat de papier sulfurisé ou de papier film. Étalez le mélange à la noix de coco dans le plat, sur une épaisseur d'environ 2 cm.
3. Placez au frais puis laissez durcir 4 à 12 heures, idéalement pendant une nuit.
4. Une fois le mélange bien durci, découpez-le en 16 rectangles de taille égale. Au besoin, refaçonnez un peu les bords à la main pour obtenir un joli rendu arrondi. Placez au congélateur pendant 15 minutes.
5. Pendant ce temps, faites fondre le chocolat noir au bain-marie pour qu'il devienne liquide, lisse et brillant.
6. Sortez les rectangles à la noix de coco du congélateur puis plongez-les sans attendre dans le chocolat fondu.
7. Disposez sur une plaque recouverte de papier sulfurisé puis laissez le chocolat figer au réfrigérateur 30 minutes à 1 heure avant de déguster.

CONSEILS ET ASTUCES DE FANNY, DIÉTÉTICIENNE

Ces bounty se conservent jusqu'à 1 semaine au réfrigérateur.

RÉCONFORT

BROWNIE AU CHOCOLAT BLANC

281 KCAL /PORTION

10 MIN

30 MIN

Ingrédients pour
10 portions

200 g de chocolat blanc
70 g de cassonade
80 g de beurre
60 g de farine
50 g de noix de pécan
3 œufs

1. Faites préchauffer le four à 180°C.
2. Dans un récipient, cassez le chocolat blanc et ajoutez le beurre en morceaux. Faites fondre le mélange au bain-marie ou au micro-ondes, en remuant régulièrement pour que le chocolat ne brûle pas.
3. Dans un autre saladier, battez les œufs avec la cassonade jusqu'à ce que le mélange devienne mousseux et double de volume.
4. Ajoutez la farine tamisée, puis le chocolat fondu avec le beurre. Mélangez soigneusement pour obtenir une pâte homogène et onctueuse.
5. Ajoutez les noix de pécan grossièrement concassées et mélangez une dernière fois.
6. Versez la pâte à brownie dans un plat allant au four et chemisé de papier cuisson ou légèrement huilé. Enfournez pour 30 minutes.

CONSEILS ET ASTUCES DE FANNY, DIÉTÉTICIENNE

Ce brownie original a une couleur joliment dorée et permet de changer du traditionnel brownie au chocolat noir et noix. Il est possible d'ajouter un peu de vanille pour encore plus de saveurs.

GOURMAND

SCONES AU CHOCOLAT

169 KCAL /SCONE

15 MIN

20 MIN

Ingrédients pour
10 scones

200 g de farine semi-complète
35 g de sucre roux
6 g de levure chimique
80 g de pépites de chocolat noir
55 g de beurre
1 œuf
120 g de ricotta
50 ml de lait demi-écrémé
Sel

1. Faites préchauffer le four à 180°C.
2. Mélangez la farine, la levure, le sucre, le sel et les pépites de chocolat dans un saladier.
3. Incorporez délicatement le beurre ramolli.
4. Dans un bol, fouettez l'œuf avec le lait et la ricotta. Ajoutez au mélange sec et mélangez.
5. Sur un plan de travail bien fariné, étalez la pâte sur une épaisseur de 2 cm environ.
6. À l'aide d'un couteau ou à l'emporte-pièce, détaillez une dizaine de scones en forme de triangle.
7. Disposez les scones sur une plaque de four recouverte de papier sulfurisé.
8. Enfournez pour 20 minutes.

LES BIENFAITS DE LA RICOTTA

Ce fromage fait partie des moins caloriques, il est donc à privilégier dans le cadre d'un rééquilibrage alimentaire. Il est riche en calcium, indispensable pour notre organisme.

CONSEILS ET ASTUCES DE FANNY, DIÉTÉTICIENNE

Une recette pour faire le plein de calcium ! Si besoin, vous pouvez remplacer la ricotta par du yaourt et le beurre par de la purée d'amande, en quantités égales. Ces scones peuvent se conserver jusqu'à 3 jours dans une boîte hermétique.

SANS GLUTEN

CRÊPES CHOCO-COCO

185 KCAL /CRÊPE

10 MIN — 10 MIN — 30 MIN

Ingrédients pour
5 crêpes

80 g de farine de châtaigne
80 g de farine de riz
35 g de cacao en poudre non sucré
5 g de levure chimique sans gluten
350 ml d'eau gazeuse
1,5 œufs
15 g de noix de coco râpée
3 g de beurre
Sel

1. Mélangez les deux farines avec une pincée de sel, le cacao et la levure.
2. Formez un puits et cassez les œufs au centre. Mélangez bien.
3. Versez l'eau gazeuse et fouettez pour obtenir une pâte bien homogène.
4. Laissez reposer la pâte pendant 30 minutes.
5. Faites chauffer votre poêle à crêpes et beurrez-la légèrement. Déposez une louche de pâte et faites dorer la crêpe de chaque côté.
6. Répétez l'opération 5 fois, en beurrant la poêle uniquement si cela est nécessaire.
7. Saupoudrez de noix de coco au moment de servir.

LES BIENFAITS DE LA FARINE DE CHÂTAIGNE

Cette farine sans gluten est idéale pour les intolérants, les allergiques ou simplement si vous souhaitez diminuer votre consommation de gluten. Son goût étant prononcé, elle est souvent couplée avec une autre farine.

CONSEILS ET ASTUCES DE FANNY, DIÉTÉTICIENNE

Le mélange de farine et de cacao non sucré permet d'obtenir une délicieuse pâte à crêpes sans gluten pour un goûter facile à digérer.

AVEC LES ENFANTS

CASSE-CROÛTE AU CHOCOLAT MAISON

330 KCAL /GÂTEAU

20 MIN | 10 MIN | 1H30

Ingrédients pour
10 gâteaux

250 g de farine semi-complète
200 g de chocolat noir
120 g de beurre
70 g de sucre roux
20 g de poudre d'amande
1 jaune d'œuf
5 ml d'extrait de vanille
Sel

1. Dans un saladier, tamisez la farine, le sel et la poudre d'amande. Ajoutez le sucre, la vanille et le beurre coupé en dés. Travaillez la pâte rapidement du bout des doigts pour obtenir un mélange sablé.
2. Ajoutez le jaune d'œuf puis travaillez de nouveau la pâte à la main pour former une boule homogène. Au besoin, ajoutez un filet d'eau pour obtenir la bonne consistance.
3. Enveloppez la pâte dans du film alimentaire puis laissez reposer au frais 30 minutes à 1 heure.
4. Faites préchauffer le four à 180°C.
5. Sur un plan de travail fariné, étalez finement la pâte à biscuits au rouleau à pâtisserie, sur une épaisseur d'environ 1,5 à 2 mm. À l'aide d'un emporte-pièce ou d'un verre retourné, découpez 20 biscuits de taille égale dans la pâte.
6. Disposez-les sur une plaque allant au four et recouverte de papier sulfurisé, puis enfournez pour une dizaine de minutes, jusqu'à ce que les sablés soient cuits et légèrement dorés. À leur sortie du four, laissez-les refroidir complètement.
7. Pendant ce temps, faites fondre le chocolat noir au bain-marie en remuant régulièrement pour obtenir un chocolat fondu brillant et lisse.
8. Disposez une cuillère généreuse de chocolat fondu sur la moitié des sablés, soit 10 sablés. Recouvrez avec l'autre moitié des sablés en appuyant légèrement pour répartir le chocolat sans que celui-ci ne dépasse.
9. Laissez figer au réfrigérateur une trentaine de minutes avant de déguster.

AVEC LES ENFANTS

PALMIERS MAISON

192 KCAL /PORTION DE 3 PALMIERS

15 MIN | 15 MIN | 30 MIN

Ingrédients pour
15 palmiers
(soit 5 portions)

200 g de pâte feuilletée
30 g de cassonade
11 g de sucre vanillé
1 jaune d'œuf

1. Découpez les bords de la pâte feuilletée pour former un grand rectangle.
2. Dans un petit bol, mélangez la cassonade et le sucre vanillé. Saupoudrez la pâte feuilletée de ce mélange.
3. Donnez à la pâte feuilletée la forme de palmier en roulant les deux plus grands côtés du rectangle de l'extérieur vers le centre.
4. Placez la préparation au congélateur pendant 30 minutes afin de faciliter la découpe ultérieure.
5. Faites préchauffer le four à 180°C.
6. Sortez la pâte feuilletée roulée du congélateur. À l'aide d'un couteau à grande lame, découpez 15 palmiers fins.
7. Disposez les palmiers sur une plaque allant au four et recouverte de papier sulfurisé. Badigeonnez de jaune d'œuf, puis enfournez pour 15 à 20 minutes maximum : les palmiers doivent être joliment dorés et le sucre caramélisé.

LES BIENFAITS DE LA CASSONADE

Contenant autant de glucides que le sucre blanc, la cassonade est plus riche en vitamines, minéraux et oligo-éléments. Non raffiné, ce sucre conserve des atouts nutritionnels.

CONSEILS ET ASTUCES DE FANNY, DIÉTÉTICIENNE

Ces biscuits se conservent dans une boîte hermétique, au sec et à l'abri de la lumière, pendant plusieurs jours.

QUATRE-QUARTS ALLÉGÉ

AVEC LES ENFANTS

267 KCAL /PART

10 MIN

35 MIN

Ingrédients pour **6 personnes**

50 g de farine semi-complète
50 g de Maïzena®
50 g de beurre
50 g d'huile de colza
60 g de sucre roux
3 œufs
11 g de levure chimique

1. Faites préchauffer votre four à 210°C.
2. Dans un saladier, mélangez la farine, la Maïzena®, le sucre et la levure.
3. Battez les œufs, faites fondre le beurre et ajoutez-les aux autres ingrédients.
4. Ajoutez progressivement l'huile de colza.
5. Versez l'appareil dans un moule antiadhésif.
6. Mettez au four pendant 30 à 35 minutes.

CONSEILS ET ASTUCES DE FANNY, DIÉTÉTICIENNE

Vous pouvez remplacer le sucre par de la compote de pomme en même quantité : dans ce cas, la part de gâteau passera à 235 calories.

GÂTEAU AUX POMMES

FACILE

215 KCAL /PART

15 MIN

30 MIN

Ingrédients pour
8 personnes

450 g de pommes
3 œufs
80 g de sucre roux
80 g de beurre
80 g de farine semi-complète
6 g de levure chimique
5 ml d'extrait de vanille
Sel

1. Faites préchauffer le four à 190°C.
2. Dans un saladier, battez les œufs et 70 g de sucre au batteur électrique jusqu'à ce que le mélange double de volume.
3. Ajoutez le beurre préalablement fondu, la vanille, la farine, la levure et une pincée de sel. Mélangez délicatement pour obtenir une pâte lisse.
4. Lavez et épluchez les pommes. Découpez-les en gros cubes et incorporez-les à la pâte.
5. Dans le fond d'un moule à gâteau antiadhésif ou légèrement huilé, saupoudrez le reste de sucre (10 g). Cela va permettre au gâteau de caraméliser légèrement.
6. Enfournez pour 25 à 30 minutes. En fin de cuisson, le gâteau doit être bien doré et cuit à cœur. Laissez refroidir avant de démouler.

LES BIENFAITS DES POMMES

La pomme est excellente pour la santé. C'est un fruit pauvre en calories et riche en vitamines, minéraux et fibres. Idéalement, mangez des pommes non traitées et bien lavées… avec la peau !

CONSEILS ET ASTUCES DE FANNY, DIÉTÉTICIENNE

Pour encore plus de goût, il est possible d'ajouter de la cannelle à la préparation. Ce gâteau, très riche en fruits et simple à réaliser, est idéal pour cuisiner avec les enfants !

TRÈS GOURMAND

TARTE AU DAIM®

304 KCAL /PORTION

25 MIN

45 MIN

30 MIN

Ingrédients pour
12 personnes

120 g de farine
80 g de beurre
50 g de poudre d'amande
40 ml d'eau
30 g de cassonade
250 ml de crème à 4 % de MG
150 g de Daim®
150 ml de lait demi-écrémé
100 g de lait concentré sucré
3 jaunes d'œufs
100 g de chocolat au lait
20 g de sucre
Sel

1. Pour réaliser la pâte, mélangez la farine, la poudre d'amande, la cassonade et le sel. Incorporez le beurre coupé en dés et pétrissez du bout des doigts. Si besoin, ajoutez l'eau pour que la pâte forme une boule homogène et soit facile à travailler. Placez au réfrigérateur 30 minutes.
2. Faites préchauffer le four à 180°C.
3. Dans un plat à tarte chemisé, étalez la pâte pour obtenir un fond de tarte assez régulier. Piquez-la puis enfournez pour 15 minutes avant de la sortir du four. Laissez refroidir.
4. Concassez les Daim®.
5. Dans une casserole, versez le lait, 200 ml de crème et le lait concentré. Faites chauffer le mélange jusqu'à ce qu'il frémisse.
6. Pendant ce temps, battez les jaunes d'œufs avec le sucre pour obtenir un mélange mousseux. Versez le mélange précédent, bien chaud, sur les œufs, et mélangez énergiquement. Intégrez ensuite la moitié des Daim® concassés à cette préparation.
7. Versez sur le fond de tarte, puis enfournez pour 25 à 30 minutes à 150°C. À la sortie du four, laissez tiédir la tarte.
8. Pendant ce temps, réalisez la ganache : mélangez le chocolat au lait avec le reste de crème (50 ml). Faites fondre au bain-marie pour obtenir un mélange lisse et brillant.
9. Étalez la ganache sur la tarte tiède puis terminez en parsemant la ganache encore chaude du reste des Daim® concassés. Placez au réfrigérateur jusqu'à ce que la ganache soit bien figée.

CONSEILS ET ASTUCES DE FANNY, DIÉTÉTICIENNE

Les parts de cette tarte sont petites, car même si elle est allégée en sucre et en beurre, cette recette reste 100 % plaisir et riche en calories !

AVEC LES ENFANTS

OREO® MAISON

253 KCAL /PORTION DE 2 BISCUITS

20 MIN

15 MIN

1H

Ingrédients pour
20 biscuits
(soit 10 portions)

130 g de farine
160 g de beurre
100 g de sucre glace
80 g de cassonade
45 g de cacao amer en poudre
5 ml d'extrait de vanille
1 g de bicarbonate de sodium
Sel

LES BIENFAITS DU CACAO EN POUDRE NON SUCRÉ

Choisir un cacao en poudre non sucré est idéal pour les pâtisseries, car il n'augmente pas le quota de sucre. Il apporte un goût plus intense et amer à votre recette.

1. Dans un saladier, tamisez la farine, le cacao amer, le sel et le bicarbonate. Réservez.
2. Dans un autre saladier, battez 100 g de beurre pommade jusqu'à obtention d'un mélange crémeux et homogène. Ajoutez la cassonade et battez à nouveau.
3. Intégrez ensuite le mélange des poudres tamisées. Mélangez jusqu'à former une boule de pâte homogène. Au besoin, ajoutez un filet d'eau pour rendre la pâte moins compacte. Laissez reposer au réfrigérateur 1 heure.
4. Faites préchauffer le four à 160°C.
5. Sur un plan de travail fariné, étalez la pâte au rouleau sur une épaisseur d'environ 1,5 mm. À l'aide d'un emporte-pièce, découpez une quarantaine de cercles dans la pâte.
6. Disposez les cercles sur une plaque allant au four et recouverte de papier cuisson, puis enfournez pour 15 minutes. À la sortie du four, laissez refroidir totalement les biscuits.
7. Réalisez la ganache à la vanille. Battez le reste de beurre (60 g) jusqu'à obtention d'une texture bien crémeuse. Ajoutez le sucre glace tamisé puis la vanille, et battez à nouveau pour homogénéiser le tout.
8. Placez la ganache à la vanille dans une poche à douille ou un sac congélation perforé. Répartissez-la sur la moitié des biscuits refroidis.
9. Terminez en refermant les Oréo® maison avec l'autre moitié des biscuits au cacao.

CONSEILS ET ASTUCES DE FANNY, DIÉTÉTICIENNE

Ces gâteaux se conservent au réfrigérateur dans une boîte hermétique jusqu'à 5 jours.

FAMILIAL

CAKE BANANE ET NOIX

206 KCAL

10 MIN

45 MIN

Ingrédients pour
8 portions

250 g de bananes
180 g de farine semi-complète
120 g de miel liquide
40 g de noix
1 œuf
120 ml de lait demi-écrémé
6 g de levure chimique
5 ml de vanille liquide

1. Faites préchauffer le four à 180°C.
2. Dans un saladier, écrasez les bananes afin d'obtenir une purée bien lisse. Ajoutez le miel liquide, puis mélangez en une purée homogène.
3. Intégrez le lait, la vanille et l'œuf, puis mélangez. Ajoutez enfin la farine et la levure tamisées, en fouettant bien pour homogénéiser la pâte et éviter la formation de grumeaux.
4. Concassez les noix grossièrement avant de les ajouter à la pâte en mélangeant pour les répartir.
5. Dans un moule à cake chemisé ou antiadhésif, versez la préparation et enfournez pour 35 à 45 minutes. La cuisson peut varier d'un four à l'autre. Lorsque le cake est cuit, une lame de couteau plantée en son centre doit ressortir sèche.
6. Laissez tiédir ou refroidir complètement avant de démouler et de déguster.

LES BIENFAITS DU MIEL

Le miel contient plusieurs minéraux (calcium, magnésium, potassium, soufre et phosphore) et des vitamines indispensables. C'est un bon choix pour remplacer le sucre dans les recettes. En plus de ses qualités nutritionnelles, le miel est un bon remède contre la toux, les brûlures, les infections, et peut améliorer le sommeil.

CONSEILS ET ASTUCES DE FANNY, DIÉTÉTICIENNE

Ce cake banane noix ne contient ni beurre ni sucre blanc, qui est ici remplacé par du miel. Pour encore plus de goût, n'hésitez pas à ajouter une pincée de cannelle et à utiliser un miel qui a du caractère : miel de châtaigne, de sapin, de lavande, etc. Pour encore plus de facilité, pensez à réaliser cette recette en format muffins !

FRUITÉ

MUFFINS À LA POMME

122 KCAL /MUFFIN

15 MIN

20 MIN

Ingrédients pour **8 muffins**

125 ml de lait d'amande
100 g de farine de riz
1 œuf
80 g de pomme
40 g de poudre d'amande
60 g de sucre roux
3 g de levure chimique
5 ml de vanille liquide

1. Faites préchauffer le four à 210°C.
2. Épluchez et découpez la pomme en tous petits cubes. Réservez.
3. Dans un saladier, mélangez la farine de riz, la levure, la poudre d'amande et le sucre roux.
4. Dans un autre saladier, battez l'œuf en omelette puis intégrez le lait d'amande et la vanille liquide. Mélangez pour obtenir une préparation homogène.
5. Intégrez cette préparation au saladier précédent contenant la farine et les autres ingrédients secs.
6. Ajoutez délicatement les cubes de pommes, puis remuez à l'aide d'une maryse pour éviter de les écraser.
7. Versez la pâte dans 8 moules à muffins en silicone ou chemisés de papier cuisson. Enfournez pour 20 minutes.

CONSEILS ET ASTUCES DE FANNY, DIÉTÉTICIENNE

Vous pouvez faire précuire les pommes à la vapeur. Pour une version 100 % sans gluten, veillez à choisir une levure sans gluten. À défaut, remplacez-la par du bicarbonate. Les pommes peuvent être remplacées par la même quantité d'un autre fruit au choix, suivant les saisons.

GRATIN DE FRUITS ROUGES

FONDANT

271 KCAL /PORTION

5 MIN

20 MIN

Ingrédients pour **6 personnes**

450 g de fruits rouges surgelés
100 g de fraises fraîches
300 ml de lait concentré sucré
2 œufs
25 g de poudre d'amande

1. Coupez les fraises en 2. Placez-les avec les fruits surgelés dans un plat à gratin de 20 cm de diamètre.
2. Mélangez les œufs et le lait concentré avant de verser le tout sur les fruits.
3. Saupoudrez de poudre d'amande.
4. Recouvrez de film alimentaire et mettez dans une cocotte de 24 cm de diamètre remplie d'eau à mi-hauteur.
5. Couvrez et faites cuire à feu moyen pendant 20 minutes.
6. Laissez refroidir avant de servir.

CONSEILS ET ASTUCES DE FANNY, DIÉTÉTICIENNE

Vous pouvez réaliser cette recette avec des fruits frais ou d'autres fruits surgelés. Vous pouvez utiliser du lait concentré non sucré dans les mêmes quantités, ce qui vous permettra d'avoir une recette encore plus light, à 161 calories par portion.

CROQUANT

CHIPS DE FRUITS

121 KCAL

20 MIN

2 H

Ingrédients pour
1 personne

100 g de mangue
40 g de poire
40 g de pomme
30 g de kiwi

1. Épluchez le kiwi et la mangue. Lavez soigneusement la pomme et la poire.
2. Faites préchauffer le four à 100°C.
3. À l'aide d'une mandoline, coupez les fruits en fines tranches de 1 à 2 mm d'épaisseur. Disposez-les sur une feuille de papier sulfurisé.
4. Enfournez pendant 2 heures en retournant à mi-cuisson. Les fruits doivent sécher, mais ne pas brunir. Sortez les chips du four et laissez-les refroidir avant de déguster.

CONSEILS ET ASTUCES DE FANNY, DIÉTÉTICIENNE

Cette collation légère sera appréciée des grands comme des petits. Il est possible de réaliser cette recette avec les fruits de votre choix.

SANS LACTOSE

PUDDING CHOCO-CHIA

203 KCAL

10 MIN

Ingrédients pour
1 personne

200 ml de lait d'amande
20 g de graines de chia
5 g de cacao
15 g de sirop d'érable
20 g de framboises

1. Dans un pot à confiture, versez le lait.
2. Ajoutez les graines de chia, le cacao et le sirop d'érable.
3. Refermez le pot, secouez et laissez reposer 30 minutes au réfrigérateur.
4. Brassez à nouveau et remettez au frigo pour 1 bonne heure minimum.
5. Garnissez de framboises au moment de servir.

LES BIENFAITS DU LAIT D'AMANDE

Ce lait végétal est très peu calorique, idéal pour des recettes minceur. En plus de protéines végétales, ce lait contient des vitamines et des minéraux essentiels pour l'organisme. Idéalement, variez les boissons végétales pour diversifier les apports.

CONSEILS ET ASTUCES DE FANNY, DIÉTÉTICIENNE

Vous pouvez remplacer les framboises par un fruit de votre choix (grenade, mangue, pêche, kiwi).

À PARTAGER

COOKIE GÉANT AUX AMANDES À LA POÊLE

255 KCAL /PORTION

10 MIN

15 MIN

Ingrédients pour
1 cookie géant
(6 portions)

1 œuf
150 g de farine semi-complète
5 g de levure chimique
60 g de sucre roux
11 g de sucre vanillé
65 g de beurre salé
30 g d'amandes

1. Hachez grossièrement les amandes. Mélangez la levure dans la farine avec les sucres.
2. Dans une poêle de 28 cm de diamètre, faites fondre le beurre sur feu doux.
3. Ôtez la poêle du feu et laissez refroidir 2 à 3 minutes.
4. Ajoutez les amandes et le mélange de poudres. Mélangez.
5. Ajoutez l'œuf et mélangez à nouveau pour obtenir une pâte homogène.
6. Remettez la poêle sur feu doux et couvrez. Laissez cuire 10 minutes environ, en soulevant le couvercle de temps en temps pour que la vapeur puisse s'échapper.
7. Laissez refroidir le cookie pendant 15 minutes environ avant de le sortir et de le couper en 6 parts égales.

CONSEILS ET ASTUCES DE FANNY, DIÉTÉTICIENNE

Une recette originale, car réalisée à la poêle et non au four comme des cookies classiques ! Vous pouvez remplacer les amandes par du chocolat noir grossièrement haché.

ENERGY BALLS

PROTÉINÉE

141 KCAL /BALL

10 MIN

45 MIN

Ingrédients pour
10 balls

110 g de flocons d'avoine
150 g de bananes
20 g de farine complète ou intégrale
20 g de graines de chia
20 g de graines de lin
40 g de noix de pécan
15 g de noix de coco râpée
20 g de miel
10 g de beurre de cacahuète
10 ml d'huile de coco
Cannelle

1. Concassez les noix de pécan.
2. Mélangez ensemble tous les ingrédients, sauf la noix de coco râpée.
3. Placez la préparation au frais pendant au moins 30 à 45 minutes.
4. Formez des petites boules avec vos mains, et roulez-les dans la noix de coco. C'est prêt !

CONSEILS ET ASTUCES DE FANNY, DIÉTÉTICIENNE

Ces balls se conservent très bien dans une boîte hermétique au frais, pendant environ 1 semaine. Elles vous donneront un bon coup d'énergie avant une séance de sport par exemple.

LES BIENFAITS DES GRAINES DE LIN

Les graines de lin sont une source précieuse de minéraux, acides gras essentiels, vitamines E et anti-oxydants qui jouent un rôle important pour les muqueuses et la peau. Elles peuvent aussi favoriser le transit intestinal car elles sont riches en fibres : elles sont notamment idéales pour lutter contre la constipation en cas de changement alimentaire.

CHEESECAKE AU SKYR

CUISINE DU MONDE

304 KCAL

20 MIN | 40 MIN | 8 H 15

Ingrédients pour
8 personnes

450 g de skyr
2 œufs
80 g de beurre
250 g de biscuits
5 g de miel
80 g de sucre roux
Les zestes d'1 citron

1. Faites fondre le beurre. Dans un saladier, mélangez-le avec les biscuits émiettés.
2. Prenez un plat allant au four, et tassez la pâte au fond.
3. Réservez 15 minutes au congélateur.
4. Dans un autre saladier, mélangez les œufs et le sucre avec le zeste de citron, puis incorporez le skyr et le miel.
5. Versez la préparation dans le plat et enfournez 30 à 40 minutes à 160°C.
6. Laissez refroidir pendant 8 heures au frigo avant de déguster.

LES BIENFAITS DU SKYR

Ce produit laitier sain et nutritif est riche en calcium et en protéines, et faible en matières grasses. Il a un effet sur la satiété. Il est idéal en complément d'un repas léger.

CONSEILS ET ASTUCES DE FANNY, DIÉTÉTICIENNE

Savourez cette délicieuse recette avec des fruits frais de saison ou un coulis de fruit.

PROTÉINÉE

BARRES DE CÉRÉALES SUCRÉES

202 KCAL /BARRE

10 MIN

20 MIN

Ingrédients pour
4 barres

120 g de flocons d'avoine
80 g de compote de pomme
20 g de miel
40 g d'amandes

1. Faites préchauffer votre four à 180°C.
2. Dans un bol, mélangez la compote de pomme et les flocons d'avoine. Ajoutez les amandes préalablement hachées.
3. Versez cette préparation dans le moule et ajoutez le miel.
4. Mettez au four pendant 15 à 20 minutes. Laissez refroidir avant de savourer votre barre de céréales.

LES BIENFAITS DES AMANDES

Comme l'amande est très calorique, il faut en consommer avec modération. Néanmoins, elle contient une bonne dose d'acide gras. Ses qualités nutritionnelles résident surtout dans sa forte teneur en sels minéraux (calcium, phosphore, potassium, magnésium) et son apport intéressant en vitamine A.

CONSEILS ET ASTUCES DE FANNY, DIÉTÉTICIENNE

Pour cette recette, l'idéal est d'utiliser un moule à mini-cakes en silicone. Ces barres peuvent se conserver jusqu'à 3 jours dans une boîte hermétique. Vous pouvez remplacer les amandes par des noisettes ou des pépites de chocolat.

VEGAN

BARRES DE CÉRÉALES SALÉES

150 KCAL /BARRE

10 MIN

55 MIN

Ingrédients pour
5 barres

150 g de flocons d'avoine
150 ml de lait de soja
30 g de radis
20 g de graines de millet
10 g de miso
10 ml de sauce soja
5 ml d'huile d'olive

1. Lavez les radis et coupez-les en petits cubes.
2. Mettez dans le bol du mixeur les flocons d'avoine, le lait de soja, le miso, la sauce soja et l'huile d'olive.
3. Mixez jusqu'à obtenir une pâte un peu épaisse.
4. Faites préchauffer le four à 180°C.
5. Ajoutez les radis à la pâte et mélangez le tout.
6. Versez la préparation dans un moule rectangulaire recouvert de papier sulfurisé, puis répartissez les graines de millet sur le dessus. Appuyez bien pour aplatir la pâte dans le moule.
7. Enfournez pour environ 55 minutes.
8. Laissez refroidir les barres de céréales avant de les couper.

LES BIENFAITS DU MILLET

Ce substitut du blé est intéressant, car il est riche en fibres et minéraux. Il a également la particularité d'être sans gluten, donc idéal pour les intolérants ou les allergiques. De plus, le millet est très digeste.

CONSEILS ET ASTUCES DE FANNY, DIÉTÉTICIENNE

Une partie du millet va tomber, c'est tout à fait normal.
Vous pouvez conserver ces barres 4 à 5 jours dans une boîte hermétique.

Les Dîners

CAVIAR D'AUBERGINE, RICOTTA & COPPA
CROQUETAS ESPAGNOLES
CHIPS AU FOUR
SUSHIS, SASHIMIS & MAKIS FACILES
SOUPE AUX 4 LÉGUMES ET BACON
SOUPE DE POIREAUX AUX RAVIOLIS
TABOULÉ VÉGÉTAL
PIZZA EN PÂTE DE CHOU-FLEUR
TARTE À LA TOMATE EXPRESS
TARTE À LA BETTERAVE
RISOTTO BUTTERNUT, NOIX & COMTÉ
ONE POT PASTA BOLO
DAHL DE LENTILLES CORAIL AU RIZ BASMATI
COURGE SPAGHETTI FAÇON CARBONARA
QUICHE POULET CITRON
BURGER FISH

APÉRO

CAVIAR D'AUBERGINE, RICOTTA & COPPA

184 KCAL /2 VERRINES

30 MIN

25 MIN

Ingrédients pour
1 personne

100 g d'aubergine
25 g d'oignon
2 g d'ail
5 g de concentré de tomates
30 g de ricotta
20 g de coppa
5 ml d'huile d'olive
Thym
Sel, poivre

1. Faites préchauffer le four à 200°C.
2. Épluchez l'aubergine et coupez-la dans le sens de la longueur. Quadrillez la chair puis disposez les deux moitiés dans un plat.
3. Épluchez et coupez l'oignon et l'ail. Disposez-les sur l'aubergine et versez dessus l'huile d'olive. Salez, poivrez, ajoutez le thym et enfournez pour 25 minutes.
4. Sortez du four et laissez refroidir.
5. Une fois refroidie, retirez la chair de l'aubergine à l'aide d'une cuillère. Mettez dans un mixeur avec l'oignon et l'ail cuits.
6. Ajoutez dans le mixeur le concentré de tomates, mixez. Mettez au frais 15 à 30 minutes.
7. Pour le dressage, répartissez le caviar d'aubergine dans deux verrines, puis ajoutez la ricotta au-dessus et enfin la coppa en fines lamelles.

CONSEILS ET ASTUCES DE FANNY, DIÉTÉTICIENNE

À la place de la ricotta, vous pouvez utiliser du chèvre frais ou du fromage frais. Pour une version végétarienne, vous pouvez remplacer la coppa par des lamelles de carottes réalisées avec un économe.

CONSEILS ET ASTUCES DE FANNY, DIÉTÉTICIENNE

En comptant environ 400 ml d'huile pour la friture, ce qui sera réellement consommé en termes de calories correspond à 80 ml. Cette recette de croquetas espagnoles est plus légère que la recette traditionnelle contenant du beurre.

APÉRO

CROQUETAS ESPAGNOLES

294 KCAL /2 CROQUETAS

30 MIN | 5 MIN | 2 H

Ingrédients pour
10 croquetas
(soit 5 portions)

60 g d'emmental râpé
30 g de Maïzena®
30 g de jambon cru
300 ml de lait demi-écrémé
Noix de muscade
400 ml d'huile de friture
1 œuf
50 g de chapelure
Sel, poivre

1. Délayez la Maïzena® dans 50 ml de lait.
2. Mettez 200 ml de lait à chauffer dans une casserole, puis ajoutez la Maïzena® délayée. Faites épaissir le mélange à feu doux pendant quelques minutes, sans cesser de remuer. La béchamel doit être très épaisse.
3. Retirez du feu. Assaisonnez avec du sel, du poivre et de la muscade moulue à votre goût.
4. Ajoutez le fromage râpé ainsi que le jambon cru débarrassé du gras et coupé en petits morceaux. Mélangez la béchamel encore chaude pour faire fondre le fromage.
5. Placez la béchamel recouverte de papier film au réfrigérateur pendant au moins 2 heures, afin qu'elle fige le plus possible.
6. Disposez la chapelure dans une assiette creuse. Dans un bol, battez l'œuf avec les 50 ml de lait restants, du sel et du poivre.
7. Formez 10 petites boules de béchamel de taille égale. Plongez ces croquetas dans l'œuf battu puis dans la chapelure. Répétez l'opération une nouvelle fois pour une meilleure tenue à la cuisson. Réservez.
8. Faites chauffer l'huile de friture dans une grande casserole, jusqu'à ce qu'elle atteigne une température d'environ 170°C.
9. Plongez les croquetas dans l'huile chaude, puis laissez-les dorer 4 à 5 minutes. Faites-les refroidir quelques minutes sur un papier absorbant avant de déguster !

APÉRO

CHIPS AU FOUR

315 KCAL /PORTION

15 MIN

25 MIN

Ingrédients pour
2 personnes

150 g de pommes de terre
150 g de patate douce
100 g de panais
120 g de carottes
150 g de pommes de terre vitelotte
20 ml d'huile d'olive
14 g d'ail
Fleur de sel
Paprika

1. Faites préchauffer le four à 210°C.
2. Lavez et séchez tous les légumes.
3. Avec une mandoline (ou, à défaut, un économe plat), détaillez les légumes en fines lamelles.
4. Épluchez et écrasez les gousses d'ail.
5. Placez les légumes dans un sac de congélation. Ajoutez l'huile, l'ail et le paprika. Fermez le sac et secouez bien.
6. Placez tous les légumes à plat sur une plaque de four recouverte de papier cuisson. Enfournez pendant 20 à 25 minutes.
7. Salez à la sortie du four et laissez refroidir.

CONSEILS ET ASTUCES DE FANNY, DIÉTÉTICIENNE

Ces chips se conservent bien dans une boîte hermétique. Choisissez des légumes bien fermes, qui seront plus faciles à couper en lamelles fines. Ne consommez pas plus d'un bol en apéro à 315 calories.

SUSHIS, SASHIMIS & MAKIS FACILES

CUISINE DU MONDE

259 KCAL /PORTION

30 MIN

15 MIN

Ingrédients pour
2 personnes

60 g de riz rond à sushis
60 g de thon frais
40 g de crevettes
60 g de saumon frais
10 ml de vinaigre de riz
20 g d'avocat
2 g de feuille d'algue grillée Nori
5 g de graines de sésame
10 ml de sauce soja

Le riz

1. Rincez le riz à l'eau claire.
2. Faites-le cuire en respectant les indications sur le paquet.
3. Égouttez-le.
4. Incorporez 1 à 2 cuillères à café de vinaigre de riz : le riz doit rester collant.

La découpe des ingrédients

5. Coupez le thon et le saumon en lamelles d'environ 50 mm d'épaisseur pour les sashimis, en tranches de 3 ou 4 cm pour les sushis, et en grandes lanières pour les makis.
6. Décortiquez les crevettes et ouvrez-les en 2 dans la longueur afin de pouvoir les disposer sur les sushis.
7. Coupez de fines tranches d'avocat.

Les sashimis

8 Ils sont prêts ! Vous les avez réalisés à l'étape précédente. Pensez à les conserver filmés et au frais pendant que vous préparez la suite.

Les sushis

9 À l'aide d'une cuillère à soupe, formez des quenelles de riz directement dans la casserole, ou bien utilisez le creux de votre main pour former des bouchées de taille adaptée.

10 Disposez par-dessus les lamelles de thon et de saumon, puis les demi-crevettes.

Les makis

11 Sur une feuille d'algue, étalez une fine couche de riz. Ajoutez par-dessus, bien au bord de la feuille et sur une même ligne, le poisson de votre choix, une tranche d'avocat et éventuellement un accompagnement (wasabi ou autre).

12 Roulez les makis à la main en prenant soin de bien serrer la feuille d'algue tout le long.

13 Découpez les extrémités du rouleau obtenu et coupez délicatement les makis, à l'aide d'un couteau sans dents bien affûté.

14 Agrémentez vos makis de graines de sésame et de l'accompagnement de votre choix : sauce soja, wasabi, etc.

CONSEILS ET ASTUCES DE FANNY, DIÉTÉTICIENNE

Sushis, sashimis, makis : on s'y perd rapidement entre toutes ces bouchées de poisson cru ! Un sushi est une simple bouchée de riz surplombée d'une lamelle de poisson cru. Un sashimi est une tranche de poisson cru dans son plus simple appareil. Un maki est un rouleau de riz entouré d'une tranche d'algue et garni de poisson, avocat, légumes, etc. Si vos mains collent trop, rincez-les dans un bol de vinaigre de riz !

SOUPE AUX 4 LÉGUMES ET BACON

ENTRÉE

232 KCAL

10 MIN

30 MIN

Ingrédients pour
1 personne

150 g de poireaux
100 g de carottes
100 g de navets
100 g de pommes de terre
40 g de tranches de bacon
65 ml de bouillon de légumes

1. Épluchez les légumes et coupez-les en cubes. Disposez-les dans une grande casserole, recouvrez d'eau. Ajoutez le bouillon et portez à ébullition.
2. Laissez cuire à couvert.
3. Une fois les légumes cuits, mixez le tout.
4. Poêlez le bacon et mettez-le en morceaux dans la soupe.

CONSEILS ET ASTUCES DE FANNY, DIÉTÉTICIENNE

Si vous souhaitez opter pour une variante végétarienne, vous pouvez remplacer le bacon par des graines de courge ou un mélange de graines.

LES BIENFAITS DES POIREAUX

Peu calorique et économique, le poireau est riche en fibres et en vitamines B9. Le vert des poireaux est plus fort en goût et ses fibres sont plus difficiles à digérer.

SOUPE DE POIREAUX AUX RAVIOLIS

CUISINE DU MONDE

168 KCAL

10 MIN

15 MIN

Ingrédients pour
1 personne

200 g de poireaux
60 g de raviolis au fromage frais
300 ml de bouillon de volaille
Ciboulette
5 g de persil
10 g de cerfeuil en branche
3 g de gousse d'ail
Sel, poivre

1. Coupez le poireau en petits tronçons.
2. Dans une casserole, faites chauffer le bouillon avec les poireaux. Portez à ébullition, remuez, couvrez et laissez cuire 15 minutes.
3. Pelez l'ail. Rincez le persil, la ciboulette et le cerfeuil. Ciselez-les finement.
4. Lorsque les poireaux sont cuits, passez l'ail au presse-ail au-dessus de la soupe et mixez.
5. Incorporez les herbes.
6. Faites cuire les raviolis 2 minutes dans de l'eau bouillante et ajoutez-les au potage. Assaisonnez à votre convenance. Servez sans attendre !

CONSEILS ET ASTUCES DE FANNY, DIÉTÉTICIENNE

Si vous n'avez pas de raviolis au fromage frais, vous pouvez utiliser des vermicelles et 30 g de fromage frais.

SALÉ/ SUCRÉ

TABOULÉ VÉGÉTAL

212 KCAL

15 MIN

15 MIN

Ingrédients pour
1 personne

120 g de chou-fleur
15 ml de jus de citron
40 g de grenade
15 ml d'huile d'olive
20 g d'oignon rouge
50 g de tomates cerises
5 feuilles de persil
2 feuilles de menthe
Sel, poivre

1. Ciselez l'oignon rouge et réservez-le.
2. Râpez finement le chou-fleur dans un bol afin d'obtenir des grains. Réservez.
3. Égrainez la grenade, puis coupez les tomates cerises en 4. Ajoutez-les au chou-fleur, puis versez dessus l'huile d'olive et le jus de citron. Mélangez bien.
5. Hachez le persil et les feuilles de menthe et ajoutez-les au bol, ainsi que l'oignon ciselé.
4. Salez et poivrez selon votre goût.
6. Laissez reposer au frais 15 minutes environ et servez bien frais.

LES BIENFAITS DE LA GRENADE

La grenade a un fort pouvoir antioxydant. Ce fruit fait partie des « super aliments » ! Riche en vitamine C, elle a aussi des vertus anti-inflammatoires. Vous pouvez ajouter ses petites graines dans de multiples recettes : les salades, les desserts, avec du poisson et en fonction de vos envies !

CONSEILS ET ASTUCES DE FANNY, DIÉTÉTICIENNE

Pour varier les goûts (et les couleurs), vous pouvez remplacer la grenade par de la groseille, et le chou-fleur par du brocoli !

REVISITE

PIZZA EN PÂTE DE CHOU-FLEUR

250 KCAL

15 MIN

40 MIN

Ingrédients pour
1 personne

125 g de chou-fleur
15 g d'emmental râpé
½ œuf
20 g de yaourt nature
2 g d'herbes de Provence
30 g de coulis de tomate
40 g de champignons
20 g de jambon blanc
20 g de mozzarella
5 g de roquette
Sel, poivre

1. Lavez le chou-fleur et découpez-le en fleurettes. Dans le bol d'un blender, mixez le chou-fleur jusqu'à obtenir des grains très fins (comme une semoule fine).
2. Faites préchauffer le four à 180°C.
3. Placez la semoule de chou-fleur dans un torchon et serrez très fort pour enlever l'excédent d'eau.
4. Dans un saladier, mélangez l'œuf avec le yaourt, l'emmental et les herbes de Provence. Salez et poivrez à votre goût. Ajoutez la semoule de chou-fleur et mélangez pour obtenir une pâte homogène.
5. Sur une plaque allant au four et recouverte de papier sulfurisé, étalez la pâte à base de chou-fleur pour former un cercle de quelques millimètres d'épaisseur. Enfournez pour 25 à 30 minutes. En fin de cuisson, la pâte doit être sèche et bien se tenir, sans pour autant être trop colorée.
6. À la sortie du four, garnissez la pizza avec le coulis de tomate, le jambon coupé en cubes, la mozzarella et les champignons émincés. Enfournez 10 minutes supplémentaires pour que la garniture cuise et parsemez de roquette à la sortie du four, juste avant de servir.

CONSEILS ET ASTUCES DE FANNY, DIÉTÉTICIENNE

Cette pâte à pizza à base de chou-fleur est beaucoup plus légère que la pâte à pizza traditionnelle, et c'est une façon détournée de manger ce légume. Pour la garniture, il est possible de remplacer le jambon par du saumon, et les champignons par d'autres légumes de votre choix !

ÉTÉ

TARTE À LA TOMATE EXPRESS

250 KCAL

10 MIN

25 MIN

Ingrédients pour
1 personne

80 g de tomates
40 g de pâte brisée
20 g d'emmental râpé
7 g de moutarde
Origan
Sel, poivre

1. Faites préchauffer le four à 180°C.
2. Disposez la pâte brisée dans un moule individuel à tartelette. Piquez la pâte et étalez la moutarde dessus.
3. Plongez la tomate pendant 1 minute dans un grand volume d'eau bouillante salée. Ôtez la peau et les pépins puis découpez-la en tranches très fines.
4. Disposez la tomate sur la moutarde, parsemez d'un peu d'origan, de sel et de poivre, puis recouvrez d'une couche généreuse d'emmental râpé.
5. Enfournez pour 20 à 25 minutes. En fin de cuisson, la pâte doit être cuite et l'emmental fondu.

LES BIENFAITS DE LA TOMATE

Avec de véritables atouts bien-être, la tomate est très riche au niveau nutritionnel. Elle est pleine de vitamines C et vitamines B9 (pour la côtelée et la cœur-de-bœuf). De nombreuses variétés existent ; la plus sucrée, mais aussi la plus calorique, est la tomate cerise. Pour les intestins fragiles, pensez à l'éplucher et à enlever les pépins.

CONSEILS ET ASTUCES DE FANNY, DIÉTÉTICIENNE

Cette recette de tartelette individuelle peut être réalisée au format familial en multipliant les quantités par 6 et en utilisant un moule à tarte classique.

À PARTAGER

TARTE À LA BETTERAVE

250 KCAL

10 MIN

35 MIN

Ingrédients pour **6 personnes**

600 g de betterave cuite
230 g de pâte feuilletée
180 g de buchette de fromage de chèvre
50 g de cerneaux de noix

1. Faites préchauffer le four à 180°C.
2. Coupez en lamelles les betteraves cuites et la buche de fromage de chèvre.
3. Étalez la pâte feuilletée dans un moule à tarte et déposez les rondelles de chèvre au fond.
4. Recouvrez avec les lamelles de betterave.
5. Ajoutez les noix.
6. Enfournez pour 35 minutes.

LES BIENFAITS DE LA BETTERAVE

Avec son goût doux et sucré, la betterave vous apportera de nombreux nutriments et vitamines. Elle ne contient aucune matière grasse et aide à détoxifier l'organisme. À consommer crue ou cuite, dans des tartes et même dans des gâteaux pour remplacer le beurre. Ne vous privez pas !

CONSEILS ET ASTUCES DE FANNY, DIÉTÉTICIENNE

Vous pouvez faire caraméliser vos noix à la poêle avec un peu d'eau et de sucre. Pour obtenir une version encore plus diététique, réalisez votre pâte vous-même en mélangeant 250 g de farine avec 10 cuillères à soupe d'eau, 8 cuillères à soupe d'huile et une pincée de sel !

VÉGÉ

RISOTTO BUTTERNUT, NOIX & COMTÉ

463 KCAL

15 MIN

25 MIN

Ingrédients pour
1 personne

50 g de riz rond arborio
150 g de courge butternut
10 g de noix
125 ml de bouillon de légumes
25 ml de vin blanc
10 g de beurre
20 g de comté
5 g de persil
1 g d'échalote
Poivre

1. Dans une casserole, réchauffez le bouillon de légumes et réservez-le.
2. Émincez l'échalote, et taillez le butternut en brunoise.
3. Faites fondre la moitié du beurre et faites-y revenir l'échalote émincée. Une fois qu'elle est dorée, ajoutez les dés de butternut. Poivrez.
4. Versez le riz dans le mélange avec le reste de beurre et attendez qu'il devienne translucide, tout en mélangeant.
5. Mouillez avec le vin blanc. Une fois celui-ci évaporé, ajoutez un peu de bouillon. Attendez que le riz absorbe le bouillon pour renouveler l'opération. Comptez environ 10 minutes sans cesser de remuer. Vous pouvez couvrir la préparation entre chaque louche de bouillon.
6. Retirez du feu. Ajoutez le comté. Mélangez rapidement. Parsemez de noix concassées et de persil. Rectifiez l'assaisonnement.

CONSEILS ET ASTUCES DE FANNY, DIÉTÉTICIENNE

Attention, le bouillon est déjà très salé : il n'est pas nécessaire d'ajouter du sel.

FAMILIALE

ONE POT PASTA BOLO

420 KCAL /PORTION

5 MIN

15 MIN

Ingrédients pour
4 personnes

250 g de linguine
350 g de bœuf haché à 5 % de MG
380 g de tomates concassées en conserve
100 g de champignons de Paris
100 g de carottes
80 g d'oignon
7 g d'ail
30 ml d'huile d'olive
5 g de sucre
650 ml d'eau
Sel, poivre
Persil

1. Émincez les champignons, l'ail, l'oignon, et coupez les carottes en petits dés.
2. Dans une casserole de 20 cm de diamètre, déposez tous les ingrédients sauf le persil : légumes, viande, huile, sucre, linguine, sel, poivre et eau.
3. Laissez cuire 15 minutes à feu moyen.
4. Hachez le persil au moment de servir.

CONSEILS ET ASTUCES DE FANNY, DIÉTÉTICIENNE

Un grand classique prêt en quelques minutes. Vous pouvez ajouter du parmesan ou du gruyère à raison de 30 g, mais dans ce cas pensez à ajouter 120 calories supplémentaires.

CUISINE DU MONDE

DHAL DE LENTILLES CORAIL AU RIZ BASMATI

292 KCAL

10 MIN

20 MIN

Ingrédients pour
1 personne

40 g de lentilles corail
20 g de riz
50 g d'oignon
Piment en poudre
150 g de tomates concassées
5 ml d'huile d'olive
Gingembre
Garam masala
Coriandre

1. Faites revenir les oignons dans l'huile durant 5 minutes avant d'ajouter à la fin les tomates concassées.
2. Rincez le riz avant de le faire cuire.
3. Dans une casserole, faites cuire le riz dans le double de volume d'eau durant 5 minutes, puis ajoutez les lentilles corail et poursuivez la cuisson pendant 10 minutes. Ajoutez au même moment toutes les épices.
4. À la fin de la cuisson, versez le mélange de tomates et remuez.
5. Servez avec de la coriandre fraîche hachée.

CONSEILS ET ASTUCES DE FANNY, DIÉTÉTICIENNE

Ce plat végétarien riche en saveurs va vous faire voyager. Il se sert autant en soupe, avec du pain naan par exemple, qu'en plat principal, ou même en accompagnement d'un cari de viande.
N'hésitez pas à y ajouter des carottes coupées en petits cubes, à faire cuire en même temps que le riz ou à cuire séparément à la vapeur.

REVISITE

COURGE SPAGHETTI FAÇON CARBONARA

275 KCAL

15 MIN

40 MIN

Ingrédients pour
1 personne

1 courge spaghetti
50 g de dés de jambon
20 ml de crème liquide à 30 % de MG
50 g d'oignon
15 g de parmesan
Sel, poivre

1. Dans une cocotte-minute, faites cuire la courge spaghetti entière pendant une trentaine de minutes. Après cuisson, laissez tiédir la courge, coupez-la en deux et ôtez les pépins.
2. Prélevez 250 g de chair à l'aide d'une fourchette. Réservez.
3. Dans une poêle antiadhésive bien chaude, faites revenir les dés de jambon et l'oignon ciselé. Les dés de jambon doivent être bien grillés.
4. Ajoutez la chair de la courge spaghetti, puis la crème. Mélangez et laissez cuire à feu moyen pour 5 minutes supplémentaires. Salez et poivrez selon votre goût. Servez le plat bien chaud parsemé de parmesan.

LES BIENFAITS DES COURGES

Légumes de l'hiver par excellence, les courges et potirons affichent une large variété de couleurs, de formes et de tailles. Les courges regorgent de bêta-carotène au grand pouvoir oxydant, pour limiter le vieillissement cutané entre autres bienfaits.

CONSEILS ET ASTUCES DE FANNY, DIÉTÉTICIENNE

La chair de la courge spaghetti permet d'obtenir un délicieux plat de carbonara sain et équilibré. Les dés de jambon peuvent être remplacés par du bacon fumé, tandis que le parmesan peut être remplacé par de l'emmental râpé, en gardant les mêmes proportions.

À PARTAGER

QUICHE POULET CITRON

361 KCAL /PART

15 MIN

30 MIN

Ingrédients pour
6 personnes

230 g de pâte feuilletée
100 g de gruyère râpé
200 ml de crème fraîche liquide
3 œufs
300 g de champignons
250 g de blancs de poulet
25 g d'échalotes
120 g de citron
5 ml d'huile d'olive
3 g de muscade
5 g de persil

1. Lavez le citron, prélevez des zestes puis pressez le jus.
2. Coupez les blancs de poulet en dés, versez le jus dessus, ainsi que les zestes. Ajoutez l'huile, le sel, le poivre, mélangez et réservez au frais.
3. Faites préchauffer le four à 200°C. Disposez la pâte dans un moule à tarte et piquez le fond avec une fourchette. Enfournez la pâte pendant 10 minutes pour la cuire à blanc.
4. Lavez et ciselez le persil. Pelez et émincez les échalotes. Lavez et émincez les champignons.
5. Dans une poêle sans matière grasse, faites dorer les dés de poulet pendant 5 minutes. Retirez et faites fondre les échalotes et champignons dans la même poêle pendant 5 minutes.
6. Dans un bol, battez les œufs, la crème, le persil et la muscade.
7. Tapissez le fond de tarte de gruyère et parsemez de dés de poulet. Recouvrez de champignons et d'échalotes. Versez ensuite le mélange avec les œufs. Baissez le four à 180°C et faites cuire pendant 30 minutes.

CONSEILS ET ASTUCES DE FANNY, DIÉTÉTICIENNE

Vous pouvez réaliser cette recette avec du saumon pour une version de la mer.

BURGER FISH

RECETTE DE LA MER

336 KCAL /BURGER

30 MIN

15 MIN

2 H

Ingrédients pour **2 personnes**

Les pains à burger

80 g de farine blanche
30 ml d'eau
12 ml de lait demi-écrémé
1/2 œuf + 1 jaune d'œuf
5 g de beurre
4 g de sucre blanc
2 g de levure de boulanger sèche
Sel
Graines de sésame

Les pains à burger

1. Faites réhydrater la levure dans une petite partie du lait tiède pendant 10 minutes.
2. Dans un saladier, déposez la farine et la levure réhydratée. Ajoutez le lait, l'eau, le sucre, le sel et l'œuf battu. Pétrissez la pâte environ 10 minutes : elle doit devenir homogène.
3. Incorporez le beurre mou en petits dés, puis pétrissez de nouveau pour l'incorporer à la pâte pendant une dizaine de minutes. Elle doit être bien souple et élastique.
4. Couvrez d'un linge propre et laissez pousser dans un four éteint pendant environ 1 h 30, jusqu'à ce que la pâte ait triplé de volume.

La garniture
200 g de filets de cabillaud
30 g d'oignon rouge
50 g de champignons de Paris
6 g de persil
16 ml de jus de citron vert
10 ml d'huile d'olive
80 g de yaourt nature
10 g d'ail
5 g de moutarde
Sel, poivre

5 Sur un plan de travail fariné, divisez la pâte en 2 boules de taille égale et de forme bien régulière. Aplatissez-les rapidement avec la paume pour obtenir la forme typique de « bun ». Disposez-les sur une plaque allant au four et recouverte de papier sulfurisé. Couvrez d'un linge et laissez pousser 30 minutes de plus.

6 Faites préchauffer le four à 200°C. Dorez les pains au jaune d'œuf, parsemez-les de graines de sésame puis enfournez pour 15 minutes environ. Ils doivent être bien dorés et cuits à l'intérieur.

La garniture

7 Réalisez les steaks de poisson maison : dans le mixeur, mixez le cabillaud coupé en petits morceaux avec la moitié du persil et la moitié du jus de citron vert. Procédez par petites pressions pour ne pas tout réduire en bouillie. Salez et poivrez à votre convenance. Formez 2 steaks de taille moyenne avec la préparation et réservez au frais.

8 Ciselez finement l'oignon et les champignons, hachez le reste du persil et pressez l'ail.

9 Dans un bol, mélangez l'ail, la moutarde, le jus de citron restant et le yaourt. Intégrez le persil et mélangez de nouveau pour obtenir une sauce homogène. Salez et poivrez à votre convenance afin que la sauce ait du goût.

10 Dans une poêle antiadhésive, faites chauffer l'huile d'olive avant de faire fondre les champignons et les oignons, puis ajoutez les steaks de poisson. Laissez cuire 4 minutes de chaque côté. Ils doivent être bien dorés mais pas trop cuits.

Le dressage

11 Coupez les pains en deux.

12 Déposez de la sauce au yaourt sur chaque moitié, puis le mélange de champignons et d'oignons cuits sur le pain du dessous. Placez ensuite un steak de poisson par burger.

13 Refermez et dégustez !

CONSEILS ET ASTUCES DE FANNY, DIÉTÉTICIENNE

Il est possible d'utiliser une farine semi-complète, pour des burgers plus riches en fibres et plus rassasiants. Les pains burgers se congèlent sans aucun problème. Pour gagner du temps, vous pouvez simplement faire cuire à la poêle votre filet de cabillaud, préalablement fariné, sans réaliser le steak de poisson : le burger sera tout aussi bon ! Suivant ce que vous avez à disposition, cette recette peut être réalisée avec tout autre poisson blanc de votre choix : lieu, colin, flétan… En été, vous pouvez ajouter des tomates et de la salade.

BONUS !

LES SAUCES & ACCOMPAGNEMENTS

SAUCE BÉCHAMEL LÉGÈRE

101 KCAL

2 MIN

8 MIN

Ingrédients pour
1 personne

150 ml de lait demi-écrémé
8 g de Maïzena®
1 pincée de noix de muscade moulue
Sel, poivre

1. Dans une casserole, délayez la Maïzena® dans le lait. Mettez le mélange à feu moyen puis laissez épaissir quelques minutes sans cessez de remuer.
2. Une fois la consistance désirée obtenue, assaisonnez avec du sel, du poivre et la muscade. Utilisez sans attendre dans les recettes de gratins, de lasagnes ou autres.

SAUCE AU YAOURT

70.5 KCAL /PORTION

5 MIN

Ingrédients pour
2 personnes

125 g de yaourt nature
5 ml de jus de citron
5 g de moutarde
1 jaune d'œuf
Sel, poivre

1. Fouettez énergiquement le jaune d'œuf et la moutarde. Ajoutez le yaourt et mélangez bien afin d'obtenir une consistance aérée.
2. Ajoutez le jus de citron et assaisonnez à votre convenance.
3. Réservez au frais un bon quart d'heure avant de consommer.

KETCHUP MAISON

39 KCAL /PORTION

10 MIN

1H30

Ingrédients pour
4 personnes

250 g de tomates
50 g d'oignon
20 g de sucre roux
3 g d'ail
40 ml de vinaigre de vin rouge
1 g de paprika
Sel, poivre

1. Lavez soigneusement les tomates et coupez-les en cubes. Ciselez grossièrement l'oignon et hachez la gousse d'ail.
2. Dans une casserole, faites cuire à feu fort les légumes pendant 20 à 30 minutes en remuant régulièrement pour que le mélange ne brûle pas. En fin de cuisson, passez au moulin à légumes ou au blender afin d'obtenir un coulis de tomate homogène.
3. Dans une petite casserole, placez le coulis de tomate puis ajoutez le sucre, le vinaigre de vin et le paprika fumé. Assaisonnez avec du sel et du poivre. Faites réduire le ketchup à feu doux-moyen pendant 1 heure.
4. En fin de cuisson, le ketchup doit avoir réduit de moitié et avoir une consistance sirupeuse.
5. Laissez refroidir le ketchup avant de le placer au réfrigérateur dans un petit bocal hermétique.

SAUCE BÉARNAISE

83 KCAL

5 MIN

5 MIN

Ingrédients pour
1 personne

1 jaune d'œuf
10 ml de vinaigre
10 g d'échalote
10 ml d'eau
15 g de fromage blanc
3 g d'estragon
Sel, poivre

1. Ciselez l'échalote finement.
2. Faites réduire l'échalote dans le vinaigre puis ajoutez l'estragon.
3. Hors du feu, ajoutez l'eau bien froide, le jaune d'œuf battu et mélangez bien.
4. Faites épaissir quelques minutes à feu doux.
5. Ajoutez le fromage blanc et servez la sauce sur une grillade ou un morceau de poisson.

SAUCE TOMATE

76 KCAL

10 MIN **1H30**

Ingrédients pour
1 personne

100 g de tomates concassées
30 g d'oignon
4 g d'ail
5 ml d'huile d'olive
5 g de basilic
Sel, poivre

1. Épluchez l'oignon et ciselez-le finement. Faites de même avec l'ail. Rincez le basilic. Réservez.
2. Dans une casserole, faites revenir l'huile d'olive avec l'oignon et l'ail. Faites-les suer pendant 2 à 3 minutes.
3. Ajoutez la pulpe de tomate, une pincée de sel et le basilic. Mélangez puis laissez cuire à frémissements environ 15 minutes en remuant de temps en temps.
4. Ajustez l'assaisonnement.

VINAIGRETTE LIGHT

70 KCAL

5 MIN

Ingrédients pour
1 personne

10 g de moutarde
10 ml de vinaigre balsamique
5 ml de jus de citron
5 ml d'huile
Sel, poivre

1. Mettez la moutarde dans un bol.
2. Ajoutez le vinaigre, le jus de citron et mélangez.
3. Ajoutez l'huile et mélangez énergiquement pour obtenir une sauce épaisse.
4. Salez et poivrez.

SAUCE ÉCHALOTE

119 KCAL /PORTION

Ingrédients pour
4 personnes

250 ml de bouillon de volaille
170 g d'échalotes
100 ml de vin rouge
35 g de beurre
5 g de Maïzena®
5 g d'ail
5 g de persil
Sel, poivre

1. Épluchez les échalotes et émincez-les très finement.
2. Dans une casserole, faites brunir la moitié du beurre. Lorsque le beurre est noisette, faites colorer l'échalote émincée et l'ail haché.
3. Une fois les échalotes bien fondantes, déglacez avec le vin rouge. Laissez évaporer 5 minutes.
4. Mouillez ensuite avec le bouillon et laissez mijoter à demi-couvert une dizaine de minutes. La sauce doit réduire.

4 Incorporez ensuite le restant du beurre et la Maïzena® préalablement diluée dans un peu de sauce prélevée dans la casserole. Assaisonnez avec le persil haché, du sel et du poivre.

4 Poursuivez la cuisson quelques minutes à feu doux, la sauce doit s'épaissir légèrement. Servez aussitôt avec un morceau de viande ou des légumes.

SAUCE APÉRITIVE ALLÉGÉE

50 KCAL

Ingrédients pour
1 personne

80 g de fromage blanc 0%
10 ml de jus de citron
5 g de moutarde
2 g d'ail
5 g de persil
5 g de ciboulette
Sel, poivre

1. Mélangez le fromage blanc avec le jus de citron.
2. Coupez l'ail et la ciboulette, ajoutez-les au mélange fromage blanc et citron. Ajoutez la moutarde.
3. Ajoutez le persil, et assaisonnez.
4. Servez bien frais.

SAUCE BARBECUE

59 KCAL /PORTION

5 MIN — 20 MIN

Ingrédients pour
6 personnes

100 g de ketchup
50 g d'oignon
3 g d'ail
20 ml d'huile d'olive
20 ml de vinaigre de vin rouge
15 ml de sauce Worcestershire
10 g de miel
10 g de moutarde
1 g de paprika
Tabasco
Sel, poivre

1. Ciselez l'oignon et hachez l'ail. Dans une casserole, faites chauffer l'huile d'olive. Une fois l'huile bien chaude, faites suer l'oignon ciselé et l'ail haché.
2. Ajoutez le paprika fumé, le sel et le poivre et laissez mijoter quelques minutes.
3. Intégrez ensuite le ketchup, le miel, la moutarde, le vinaigre de vin rouge et la sauce Worcestershire. Ajoutez du tabasco selon les goûts.
4. Mettez le mélange sur feu doux, couvrez et laissez mijoter 15 minutes en remuant régulièrement. La sauce doit s'épaissir peu à peu.
5. Rectifiez l'assaisonnement une dernière fois si besoin puis laissez refroidir totalement avant de servir.

SAUCE BLANCHE POUR POISSON

200 KCAL

10 MIN — 5 MIN

Ingrédients pour
1 personne

40 g de crème légère à 8% de MG
60 g de yaourt nature
50 g de citron jaune
7 g de moutarde
5 g de Maïzena®
Ciboulette
Sel, poivre

1. Nettoyez soigneusement la ciboulette, puis ciselez-la finement. Réservez.
2. Dans une petite casserole, faites chauffer la crème liquide, le yaourt et la Maïzena® préalablement diluée dans une cuillère à soupe de yaourt. Laissez épaissir à feu doux 5 minutes.
3. Une fois que la sauce a obtenu la consistance désirée, ajoutez le jus de citron, la moutarde, la ciboulette, du sel et du poivre.

CAROTTES AU CUMIN ET AU MIEL

200 KCAL

10 MIN — 30 MIN

Ingrédients pour
1 personne

200 g de carottes
50 g d'échalotes
10 ml d'huile d'olive
7 g de miel
1 g de cumin
Persil
Sel, poivre

1. Nettoyez et épluchez les carottes. Découpez-les en bâtonnets épais. Émincez l'échalote.
2. Préchauffez le four à 180°C.
3. Dans un petit bol, émulsionnez le miel avec l'huile d'olive, le cumin, du sel et du poivre.
4. Placez les légumes dans un plat allant au four. Versez l'émulsion miel et huile dessus et mélangez soigneusement à la main pour enrober tous les légumes.
5. Enfournez pour 30 minutes en remuant régulièrement pour que les carottes soient confites uniformément.
6. Décorez d'une poignée généreuse de persil haché avant de servir bien chaud.

CAROTTES VICHY

167 KCAL

5 MIN — 25 MIN

Ingrédients pour
1 personne

200 g de carottes
10 g de beurre
5 g de sucre blanc
200 ml de bouillon de légumes
4 g de persil
Sel poivre

1. Épluchez les carottes et découpez-les en rondelles fines.
2. Dans une sauteuse, faites chauffer le beurre et le sucre quelques secondes. Le sucre ne doit pas trop brunir.
3. Ajoutez les carottes puis couvrez de bouillon de légumes. Laissez cuire à découvert une vingtaine de minutes jusqu'à ce que les carottes soient cuites et tendres à cœur.
4. Remuez de temps en temps afin d'éviter que les carottes n'accrochent. En fin de cuisson, tout le bouillon doit être évaporé.
5. Assaisonnez avec du persil ciselé, du sel et du poivre et servez sans attendre.

FRITES DE COURGETTE

178 KCAL /PORTION

15 MIN — 15 MIN

Ingrédients pour
4 personnes

300 g de courgette
1 œuf
50 g de parmesan
50 g de farine blanche
50 g de chapelure
2 g d'herbes de provence
Sel, poivre

1. Préchauffez le four à 210°C.
2. Nettoyez soigneusement la courgette puis découpez-la en grosses frites de taille régulière.
3. Disposez la farine et les herbes de Provence dans un premier bol, l'œuf battu avec du sel et du poivre dans un second bol puis la chapelure et le parmesan râpé dans un dernier bol.
4. Trempez les frites de courgette successivement dans le bol de farine/herbes de Provence, dans l'œuf battu puis dans le mélange chapelure/parmesan.
5. Disposez les frites sur une plaque allant au four recouverte de papier sulfurisé puis enfournez pour 15 minutes jusqu'à ce qu'elles soient bien dorées. Dégustez sans attendre !

GALETTE DE FLOCONS D'AVOINE ET LÉGUMES

202 KCAL

10 MIN — 15 MIN

Ingrédients pour
1 personne

35 g de flocons d'avoine
1/2 œuf
50 g de courgette
4 g d'échalote
50 ml de lait demi-écrémé
Curry
Sel, poivre

1. Préchauffez le four à 180°C.
2. Versez le lait dans un bol et ajoutez les flocons d'avoine. Salez, poivrez et laissez reposer jusqu'à ce que tout le lait soit absorbé.
3. Lavez, épluchez et émincez la courgette en julienne. Épluchez et hâchez l'échalote.
4. Battez l'œuf en omelette, ajoutez la courgette et l'échalote.
5. Versez le tout sur les flocons d'avoine et ajoutez le curry. Mélangez.
6. Répartissez le mélange en une galette sur une plaque de papier sulfurisé et enfournez pendant 10 minutes.
7. Vérifiez la cuisson, prolongez si besoin. Servez bien chaud.

POTATOES MAISON

260 KCAL

10 MIN — 25 MIN

Ingrédients pour
1 personne

200 g de pomme de terre
15 g de parmesan
5 ml d'huile d'olive
Sel, poivre
Curcuma
Paprika

1. Préchauffez le four à 200°C.
2. Nettoyez et épluchez la pomme de terre, puis coupez-la en quartier.
3. Versez l'huile d'olive dessus, le paprika et le curcuma, le sel et poivre, le parmesan, et mélangez le tout pour bien recouvrir tous les morceaux de pommes de terre.
4. Disposez l'ensemble sur une plaque de cuisson et enfournez pour 25-30 minutes. Dégustez bien chaud !

NAAN FARCI AU FROMAGE ET À L'AIL

329 KCAL

10 MIN — 10 MIN

Ingrédients pour
1 personne

50 g de farine blanche
13 g de yaourt nature
1 g de levure de boulanger sèche
20 ml d'eau
2 g de sucre blanc
5 ml d'huile de colza
25 g de cream cheese
5 g d'ail
Ciboulette
Sel, poivre

1. Dans un saladier, mélangez la farine, le sucre et le sel. Faites un puits au centre puis ajoutez la levure sèche, l'eau, le yaourt et l'huile.
2. Pétrissez la pâte jusqu'à ce qu'elle soit bien homogène et souple. Elle ne doit plus coller au fond du saladier ; au besoin, modulez la quantité d'eau en fonction du résultat obtenu. Recouvrez la pâte d'un torchon et laissez-la doubler de volume dans un endroit chaud. Pour cela, il est possible de la placer dans le four éteint et fermé.
3. Pendant ce temps, mélangez l'ail haché avec le cream cheese et la ciboulette ciselée. Assaisonnez selon les goûts.
4. Une fois la pâte bien poussée, étalez-la grossièrement avec la paume de la main. Au centre du naan, placez la garniture à base de fromage et d'ail. Repliez le naan puis étalez-le au rouleau à pâtisserie pour obtenir une galette plate.
5. Faites chauffer une poêle à feu fort. Mettez à cuire le pain naan farci de fromage. La cuisson doit se faire à couvert pour garantir un joli gonflement de la pâte. Une fois doré, retournez le naan et poursuivez la cuisson de l'autre côté. C'est prêt !

POMME DE TERRE EN ROBE DES CHAMPS

284 KCAL

15 MIN — 40 MIN

Ingrédients pour
1 personne

200 g de pomme de terre
80 g de champignons
60 g de fromage blanc
40 g d'oignon
5 g de moutarde
5 ml d'huile d'olive
3 g de ciboulette
Sel, poivre

1. Préchauffez le four à 220°C.
2. Nettoyez soigneusement la pomme de terre, séchez-la puis enroulez-la dans du papier aluminium.
3. Enfournez pour 35 à 45 minutes suivant sa grosseur. En fin de cuisson, la pomme de terre doit être cuite à cœur.
4. Pendant ce temps, nettoyez et découpez les champignons en lamelles. Ciselez l'oignon finement.
5. Faites chauffer l'huile dans une poêle puis faites revenir les oignons 5 minutes, jusqu'à ce qu'ils deviennent translucides. Ajoutez ensuite les champignons puis faites-les revenir quelques minutes. Salez et poivrez.
6. Dans un bol, mélangez le fromage blanc, la ciboulette ciselée et la moutarde. Assaisonnez.
7. Lorsque la pomme de terre est cuite, fendez-la en deux à l'aide d'un couteau. Garnissez l'intérieur avec les champignons poêlés puis recouvrez de sauce au fromage blanc. Servez sans attendre.

POMMES DE TERRE MACAIRE

202 KCAL /PORTION

10 MIN — 65 MIN

Ingrédients pour
2 personnes

250 g de pommes de terre
2 jaunes d'œufs
60 g de bacon fumé
10 g de beurre
10 g de farine blanche
Ciboulette
Sel, poivre

1. Faites cuire les pommes de terre entières avec la peau dans un four préchauffé à 180°C pendant 1 heure environ.
2. Retirez la peau des pommes terres cuites, écrasez-les et ajoutez le beurre détaillé en petits dés, les jaunes d'œufs, la ciboulette (selon vos goûts), le bacon ciselé. Assaisonnez, et mélangez pour obtenir une pâte homogène.
3. Faites 6 boules avec vos mains. Aplatissez-les pour obtenir des galettes.
4. Farinez légèrement chaque face des galettes puis faites-les revenir 3 à 4 minutes de chaque côté dans une poêle bien chaude.
5. Servez avec une belle salade verte.

FRITES DE PATATE DOUCE AU FOUR

297 KCAL

15 MIN — 45 MIN

Ingrédients pour
1 personne

200 g de patate douce
15 ml d'huile d'olive
Herbes de Provence
Sel, poivre

1. Préchauffez le four pendant 15 minutes à 180°C.
2. Lavez, épluchez et coupez la patate douce en grosses frites ; rincez-la et séchez-la bien.
3. Mettez les frites ainsi obtenues dans un plat allant au four et parsemez-les d'herbes de Provence, de sel, de poivre et d'huile d'olive.
4. Enfournez pour 45 minutes en remuant de temps en temps. Dégustez chaud !

STICKS DE CHOU-FLEUR

102 KCAL /5 STICKS

10 MIN — 35 MIN

Ingrédients pour
5 personnes

600 g de chou-fleur
25 g d'oignon
40 g de parmesan
30 g de chapelure
1 œuf
Sel, poivre

1. Faites cuire le chou-fleur 10 minutes dans l'eau bouillante.
2. Pendant ce temps, épluchez l'oignon et hâchez-le finement. Réservez.
3. Préchauffez le four à 180°C.
4. Égouttez le chou-fleur cuit, puis mixez-le et essorez-le ensuite dans un torchon pour retirer au maximum l'excédent d'eau.
5. Ajoutez au chou-fleur l'oignon hâché, le parmesan râpé, la chapelure et l'œuf. Salez, poivrez. Mélangez énergiquement.
6. Façonnez des sticks à la main et disposez-les sur du papier sulfurisé sur une plaque de cuisson.
7. Enfournez pour 20 minutes, puis retournez les sticks et poursuivez la cuisson 15 minutes.

INDEX PAR CALORIES

DE 301 À 350 KCAL

Sucré

Salé

DE 351 À 400 KCAL

Sucré

Salé

DE 401 À 500 KCAL

Salé

RECETTES
Fanny Comandini

ILLUSTRATIONS (couverture et intérieur)
©Carolina Spielmann

CRÉATION GRAPHIQUE
Élodie Rigolet

DIRECTION ÉDITORIALE
Grégoire Hueber

ÉDITION
Laetitia Therm

CRÉDITS PHOTOGRAPHIQUES :
Couverture ©Shutterstock : baibaz, Flaffy, Karuntana999, Plateresca, LumenSt ©Brooke Lark.

Intérieur ©Benjamin Fleury P 74, 114, 144 ©Lea Zubiria P 8, 18, 20, 22, 32, 40, 48, 59, 62, 71, 72, 84, 86, 94, 110, 118.
©Shutterstock : Alvaro German, Irina Rostokina, Lapina Maria, Anastasia from Ukraine, avs, muh23, Wiktory, vasanty, FelipeSaborio Tabash, Vladislav Noseek, dashtik, PicksArt, hlphoto, Chatham172, rom_olik, etorres, JJava Designs, vm2002, margouillat photo, aprilante, Ingrid Balabanova, Lenakov, alisafarov, Jerome.Romme, GK1982, Olga Miltsova, Tatiana Bralnina, Valerio Pardi, mady70, Svletlana Shashkina, Natallia Harahliad, Afanasieva, George Dolgikh, Kiian Oksana, Timolina, Azra H, Nata Bene, Birute Vijeikiene, irina2511, IriGri, neselisefler, Elena Veselova, Karl Allgaeuer, MariaKovaleva, GreedyGourmet, photosimysia, Elena Netkacheva, Mikhail Valeev, asmiphotoshop.

©Croq'kilos®M6 Digital Services ©2022,
M6 Éditions 89, avenue Charles-de-Gaulle, 92575 Neuilly-sur-Seine Cedex.
Tous droits réservés. Toute reproduction ou utilisation de l'ouvrage sous quelque forme et par quelque moyen électronique, photocopie, enregistrement ou autre que ce soit, est strictement interdite sans autorisation de l'éditeur.

Dépôt légal : Avril 2022
Achevé d'imprimer en Espagne en avril 2022
ISBN 978 235 985 215 8